名师名校名校长

凝聚名师共识
固志名师关怀
打造名师品牌
培育名师群体

穿越课堂的精彩

C 课程资源统整下
小学语文核心素养提升的实践研究

HUANYUE KETANG DE JINGCAI

肖兰 ◎ 著

中国文联出版社

图书在版编目（CIP）数据

穿越课堂的精彩：课程资源统整下小学语文核心素养提升的实践研究 / 肖兰著. — 北京：中国文联出版社，2022.2

ISBN 978-7-5190-4823-5

Ⅰ.①穿… Ⅱ.①肖… Ⅲ.①小学语文课—教学研究
Ⅳ.①G623.202

中国版本图书馆CIP数据核字（2022）第028691号

著　者　肖　兰
责任编辑　刘　旭
责任校对　唐美娟
装帧设计　刘贝贝　李　娜

出版发行　中国文联出版社有限公司
社　　址　北京市朝阳区农展馆南里10号　　邮编　100125
电　　话　010-85923025（发行部）　010-85923091（总编室）
经　　销　全国新华书店等
印　　刷　北京四海锦诚印刷技术有限公司

开　　本　710毫米×1000毫米　1/16
印　　张　14.5
字　　数　236千字
版　　次　2022年2月第1版第1次印刷
定　　价　58.00元

破茧成蝶，绽放生命之花

也许是缘分，十几年前一个偶然的机会偶遇肖兰老师，她是个普通的语文老师，勤学善问，总带着腼腆而又真诚的笑容；初识肖老师，她已是区语文学科骨干、区科研中心组成员，她有仁爱之心，善于走进孩子心灵，教育教学业绩优秀，是广受学生和家长称赞的上海市优秀园丁奖获得者；再认识，她已是连任四届的金山区语文学科导师，不仅出色完成了教学、科研工作任务，还带出了一批优秀的教师。在与肖老师分享我的著作、论文，尝试探索写作教学改进的过程中，我头脑中的肖老师的形象更加丰满了：她热爱教育、真爱学生、挚爱研究。我深切感受到她谈论自己的学生、家长时的全身心投入；感受到她用心、用情投入到语文课改时的那份执着。每每看到她辛苦并快乐着的敬业乐学状态，我都会感到欣慰。

当这本书呈现在我眼前时，我并不惊讶，因为这是肖老师年复一年、日复一日，勇于探索、善于创新，执着追梦、潜心育人，长期积淀而成的自然结果，也是其辛勤耕耘教坛的智慧结晶。这份成果蕴含了她对教育的热爱，记录着她践行"让每位孩子成为最好的自己"教育理想的历程；就在这些坚持、探索、创新中，给我们开展语文教学研究带来了启示。

本书文字简练明隽，案例生动形象，有梦想、有情怀。首先，研究目标是前瞻大气的。为了培养学生的创新意识、创新能力和个性品质，肖老师采用"语文课程统整"的方式，以"大语文"概念，从培养分析和解决问题的能力入手，训练学生从各种渠道收集资料，整理筛选各类资料，在重组中获取新的知识。她始终把"培养学生的语文核心素养"摆在首要位置，以培养学生的语

1

文学习能力为抓手，符合当前教育改革的需求。其次，研究内容是灵动有趣的。肖老师团队以学习《基础教育课程改革纲要（试行）》的精神作为课程实施的主要理论指导；以《全日制义务教育语文课程标准》为指导性文件；在理论学习中树立了以生为本的教育理念，并以此为指导思想制定工作目标，细化工作任务，落实工作措施。利用各类语文资源，探讨教法学法，尝试语文学习内容的整合；教学策略上，他们根据创新教育理念、本校的培养目标和学生的学习情况，尝试表现性学习在不同课型中的运用，以表现性评价来激发学生的研学热情，把语文课上得简易、灵动、有趣，让孩子们爱上语文。最后想说，他们的研究方法是理性、深刻的。肖老师引导孩子走出课堂，走向社会。他们通过日常语文学习内容和方式的改变，从三个层面来培养语文核心素养和创新素养：从知识学习层面来说，希望学生有合理的知识结构，勤学好问、认真踏实、勇于创新的学习态度；从能力培养层面来说，希望培养学生的观察力、想象力、模仿力、处理信息的能力和动手实验的能力；从培养学生个性来讲，要求有正确的审美和人格意识，有广泛的爱好，有强烈的探索欲望、不怕挫折和失败的顽强意志，能积极参与各项活动，要有团结协作的精神。

"人民教育家"国家荣誉称号获得者于漪说："教师的生命是在学生身上延续的，教师的价值是在学生身上实现的。"肖老师撰写此书的内涵，就是激发学生的学习创新潜质，促进个性的和谐发展，体现了肖老师的教学理念。肖老师告诉我们，当一名好老师，要爱岗敬业，智教善研，勇于创新，实践检验，反思总结。

这本书的出版，既意味着肖老师对之前探索的一次总结，更意味着一个新的旅程的开启，让我们一同期待和祝福吧！

吴立岗

上海师范大学教育学院研究员

现任中国写作学会中小学写作教学研究会名誉会长

目 录
CONTENTS

第四章

课程资源统整下小学语文核心素养提升的策略研究

第五章

课程资源统整下小学语文核心素养提升的评价研究

第六章

课程资源统整下小学语文核心素养提升的研究成效

课程资源统整下小学语文核心素养提升的可行性分析

　　在课程改革过程中，语文教学充满着各种矛盾。例如：有限的学习时空与丰富的课程之间的矛盾，落实双基与个性发展之间的矛盾，学校育人目标整体性与教师专业特长个性之间的矛盾，教师集体性教学与学生个别化学习之间的矛盾。基于对上述实践问题的分析和反思，立足学校课程改革的需要，我们根据《语文课程标准》："应拓宽语文学习和运用的领域，注重跨学科的学习和现代科技手段的运用，使学生在不同内容和方法的相互交叉、渗透和整合中开阔视野，提高学习效率，初步养成现代社会所需要的语文素养。"的有关要求。从语文课程资源的功能特点、空间分布、呈现状态及载体形式中寻找规律，发现生活中处处有语文，各学科中都渗透着语文，校内外的各类活动中运用着语文。统整各类语文课程资源，开发和利用课程资源，为学生提供丰富的学习内容和学习经历，以此为重要抓手能全面提高学生语文素养并具有很高的研究价值。

课程资源统整的理论依据

近年来，在我国中小学教育中，国家课程、地方课程和校本课程都得到了不同程度的重视，这给学校教育带来了新的发展机遇，同时带来了挑战。三类课程的叠加，使学校课程变得沉重而复杂，这种复杂容易造成学校课程的混乱和低效。在这样的背景下，摆在教育者面前的一项重要任务，就是科学地将国家课程、地方课程和校本课程加以统整，从而使其成为一个有序而高效的学校课程结构。

一、西方国家对课程资源统整的研究

追根溯源，课程统整的设计由来已久。在西方，"统整"的观念最早源自于柏拉图所提出的"灵魂和谐观"。近代"课程统整"观念的发展，起源于1892年创立的赫尔巴特学会。该学会的学者们纷纷提倡学生学习内容的统整性，认为学生的学习不能孤立于生活之外，应该重视学科与学科之间的关联性。19世纪末，美国进步主义代表人物杜威认为"教育即生活，生活即教育。"提出统整课程的课程组织构是跨越学科界，去了解生活上的问题及广博的学习内涵后把不同课程的片断知识合为一个有意义的联结。20世纪90年代初，美国M.弗朗西斯.克莱因就在学校课程决策权增加且校本课程逐渐成形的情况下，正式提出"课程统整"的概念。进入21世纪后，学校课程重构成为美国教育的一项重要趋势。在课程设置方面，英国的学校和教师在课程决策上拥有一定的自主权，在完成规定的国家课程外，可以在学校层面上进行校本课程建设，将国家课程与校本课程加以统整，逐渐使得国家课程与校本课程并行不悖、相互结合、相得益彰。统整课程的组织是打破了各个学科间的界限，把各种不同方面的知识整合聚焦于一个有意义的学习主题，因此学习与教学是全面性的，互相影响且反应真实世界与生活情境的。

二、我国对课程资源统整的研究

我国最早的课程统整说，可以从《易经》的"阴阳调和说"中找到踪迹。至近代，课程统整的理念逐渐受到教育界重视，台湾《国民教育阶段九年一贯课程总纲纲要》中明列："学习领域之实施应以统整、合科教学为原则""学校应视环境需要，配合综合活动，并以课程统整之精神设计课外活动""在符合基本教学节数的原则下，学校得打破学习领域界限，弹性调整学科及教学节数，实施大单元或统整主题式的教学"。台湾课程统整的目的，是组合性质相近的学科内容及相关的概念，提高学生的学习成效，避免学习领域和弹性学习活动中的重复教学。但是，台湾的课程统整涉及较多的，是对学生获取知识能力的状况的影响，很少涉及学生在课程统整过程中情感态度价值观的改变。

在上海，许多学校承担一定的课程决策权限与职责，既要实施国家课程和地方课程，又要发展校本课程。而国家课程、地方课程和校本课程之间存在较严重的断裂甚至相互冲突的状况，这类状况不仅导致学生课业负担更加沉重，而且已经影响到学校教育的质量。要改变这种状况，就必须以学校为核心，对各级课程加以统整。华东师大葛大汇教授从"课程内容"的视角，对学科系统文化知识与"全面素质类"活动的经验属性做了知识论的解释。徐汇区率先发起"学期课程统整"的研究，启新小学，紫竹小学、大同中学等学校相继投入到课改研究中。有的从"学期课程统整"入手，编制《学期课程统整指南》；有的从选修课入手，为学生定制"选修菜单"。但是这些研究仅限于单学科或单课程之间的研究，没有打破学科的界限，学生依然在国家课程、地方课程和校本课程间打转。

鉴于以上国内外文献的分析中，我们觉得学生在校的一切生活都是课程的内容，课程要为学生发展服务，要从发展的、全局的眼光来设计学校的课程。发现：主题活动与课程之间的统整研究比较薄弱，设想从统整基础型、拓展型、探究型课程三类课程入手，在学校课程方案统领下，科学地设计学生的学习生活，实现学生个性化发展。

课程资源统整的实践意义

一、国家课程改革的需要

中华人民共和国成立以后的历次课程改革（有的是教育革命），在实施上，采用的是单一的忠实取向。由此建立起来的以学校、教师忠实执行统编教材为标志的课程运行机制，也一直沿用到现在。问题是，目前我国正在进行的课程改革，与以往历次课程改革不同，它明确以促进学生综合素质发展为本，以实践创新能力培养为重点，强调学生个性的健康发展，受传统教学管理模式及基础、拓展、探究等三类课程设置上的束缚，在课程改革过程中充满着各种矛盾。许多学校明显地感觉到课程方案、课程标准、各类教材教参下发到执教老师手上只是一种"文本课程"，需要经过教师的统筹整理后，才能真正成为能够到课堂中去实施的"课程"。这些困惑引发的一些问题和矛盾比较多地集中在有限的学习时空与丰富的课程之间，落实双基与个性发展之间的矛盾，学校育人目标整体性与教师专业特长个性之间的矛盾，教师集体性教学与学生个别化学习之间的矛盾。如果我们仍然沿用旧的课程运行机制，实在难以做到专家设计的课程教材适应全市所有学校所有教师所有学生的这种综合素质、实践创新能力与个性健康发展的培养，这迫使我们进行国家课程改革，这是时代的必然要求。

二、上海新课程改革需要

2001年，教育部颁布了《基础教育课程改革纲要（试行）》，明确了基础教育领域的教育改革将从改革入手，新时期的课程教材改革被作为基础教育推进素质教育的重要载体。课程模式和课程结构的多样化已成为我国基础教育课程改革与发展的基本趋势。在课程模式多样化和课程结构优化中，校本课程的开发具有重要作用。校本课程是一个国家基础教育宏观课程结构的重要组成部分，是对国家课程的重要补充，充分体现学校教育特色，并对学生的多元化发展起到了很大的作用。

上海二期课改方案（以下称"新课程"）在全市学校全面推行以来，实践者在实施过程中遇到诸多问题，例如：统编教材不能完全适应各地、各校的校情、学情。又如：由于长期以来学校领导和教师被束缚在忠实执行"统编教材"的框框内，习惯于按统编教材"照本宣科"，加班加点，以应付统一考试。如此这般，新课程的理念难以得到体现，学校的培养目标也难以真正实现。还如：受传统教学管理模式及基础、拓展、探究等三类课程设置上的束缚，任课教师很难站在课程和培养目标的高度思考和设计自己的教学，他们的积极性和主体能动性的发挥存有很大的空间余地尚待开发。

根据上述分析，我们可以明晰地感到，确立校长、教师在课程改革中的主体地位，充分发挥他们的主体能动性是上海实施新课程改革中需要足够重视的问题。

三、学校课程建设的需要

我校①地处石化城区北端的新城区城乡结合部。约二分之一生源为外省市进城务工和当地征地的农民子女，其余来自于本市从事各行业的普通家庭。如何进行学校课程改革，满足学生个性化发展的需求，是我们不变的追求。学校自2002年以来始终坚持以科研作为教育教学改革的先行，跟随历任校长，曾主要参与了潘亚军校长《小学改变课堂灌输模式的学生学习方式的研究》《基于网络的小班学生成长档案袋评价的研究》《小班教育中，运用多元评价促进学生个性发展的实践研究》课题的研究；方振玉校长（立项后转给周梅校长的）《基于学期课程统整下的新课程校本化的实践研究》研究。等课题研究。这些课题研究成果有的获得了上海市教育科研成果二等奖；有的获得了全国教育科

---

① 本书中的"我校和学校"指原临潮小学，2009年，学校迁址"教育园区"，更名为上海市金山区金山小学。

研成果二等奖；有的获得了金山区教育科研成果一等奖；这为本课题的研究提供了大量的经验。

作为与徐汇合作共建的单位，在方振玉校长的组织下，邀请了张才龙和杨向谊两位专家来校指导，同时，我们又根据上海市徐汇区多所学校"学期课程统整"的研究经验，结合金山区的教育资源及学校的培养目标，尝试新课程的校本化的实施。《课程资源整合下小学语文核心素养提升的实践研究》就是在这样的背景下产生的。我们在吸收之前学校大量的科研成果精髓的基础上，总结出若干有效的操作途径。以实现在国家（政府）课程方案和课程标准的执行上采取忠实取向，在教材的运用上采取调适取向，在教学的方式方法上采取创生取向，由此形成学校层面语文课程的运行机制。

语文核心素养的基本认识

一、小学生语文核心素养的概念界定

对"语文素养"一词，华东师范大学的倪文锦教授曾做了精辟的论述："语文素养的含义，也就是对语文有长久的修养和训练的意思。"更具体地说，"语文素养"就是在语文教育中，通过长久的修养和训练在学生身上形成的东西。"语文素养"的内涵相当丰富，它包含以下三方面的内容：一是知识和能力，包括听、说、读、写等言语交际能力、语言的积累、语感能力等；二是过程和方法，包括语文学习的方法、语文学习的习惯、思维能力和创新精神等；三是情感态度和价值观，包括母语情结、审美情趣、文化品位、知识视野、学习态度、思想观念等。

与此同时，学界对于语文素养的研究还达成了以下共识：其一，虽然语文素养可以分为几方面的内容，但人的语文素养是一个整体，这三方面的内容是相互渗透、相互作用的，不能机械地分割，语文教育应全面培养学生全面的语文素养；其二，语文素养是一个逐渐养成和持续作用的过程，它需要在长期的语文教育中养成；其三，语文教育是面向全体学生的，不是个别教育或"精英主义教育"，它必须使全体学生获得基本的语文素养。

语文素养的核心是语文能力，而语文教育的实践性特点，又决定了语文能力的提高必须靠大量的语文实践来实现。小学语文学科核心素养主要包含语言建构与运用、思维发展与提升、审美鉴赏与创造及文化传承与理解四个方面，既对学生语言文字运用能力进行了培养与提升，同时也对学生综合素质提出了一定要求，是一门兼具综合性、实践性、人文性的重要基础学科。

二、小学语文核心素养的重要意义①

中共中央、国务院《关于深化教育改革全面推进素质教育的决定》指出："智育工作要转变教育观念，切实提高教学质量，要让学生感受、理解知识产生和发展的过程，培养学生的科学精神和创新思维习惯，重视培养学生收集处理信息、获取新知识的能力；分析、解决问题的能力、表达观点的能力等等。"由此可见，培养学生的语文综合素养，为学生的终身学习奠定基础，已经成为时代和社会发展的需求。

1. 语言建构与运用能力的培养

语言建构与运用是指学生能够熟练掌握汉语文字特点及运用规律，在不同情境中能够正确使用并表达的能力，既是小学语文学科的教学重点，同时也是学生语文素养的基础②。小学低年级学段以在儿歌和课文中识字记字为主并将其作为教学的重点，如何培养学生多样化的识字记字能力，学会合理搭配字词是教学的难点。小学中高年级学段，连词成句，连句成段，连段成文是教学重点，教师如何鼓励学生主动表达，将自己的理解通过口头或书面的文字正确又清晰地表达出来是难点。因此，我们可以通过对学生进行读写能力的训练与培养，进而提升语言建构与运用能力，既为学生后续更高阶段的学习和其他学科的学习打下良好的语文基础，又在培养和锻炼学生人际交往能力和语言表达能力，对学生的终身学习和生活品质的提高有着重要的意义。

2. 思维发展与提升的训练

语言建构与运用训练为其他语文素养的提升奠定了基础，而思维发展与提升则是学生语文素养第二阶的提升训练③。在促进学生思维发展与提升中，教师要有意识地引导学生将所学到的语文能力运用到对日常所见、所听、所感事物的辨识、表述及认知中，帮助学生形成语文的思维方式，帮助学生形成正确

---

① 余燕花.小学语文学科核心素养的培养的意义［J］.基础教育参考，2020（4）.

② 张莹.小学语文课堂教学中学科核心素养的培养策略［J］.西部素质教育，2019，5（11）：85，87.

③ 丁莉莉.基于核心素养发展的小学语文教学设计和策略研究［J］.中国教育学刊，2018（8）：77-80.

的人生观、价值观及思想观，提升学生的综合素质及语文核心素养。

3. 审美鉴赏与创造的提升

审美是人类理解世界的一种特殊形式，能帮助学生提升认知、欣赏、热爱世界的能力[①]。教师在审美鉴赏与创造培养过程中要以引导为主，通过美好的诗词与文章激发出学生对于语文学习的积极性与主动性，在对学生审美鉴赏与创造能力培养中，鼓励学生对喜爱的文章进行分享与仿写，引导学生对美好事物及美好品德进行追求与模仿，激发出学生的学习兴趣，让学生主动配合教师完成审美鉴赏与创造能力的培养与锻炼，进而提升学生的精神境界，促进学生全面发展。

4. 文化传承与理解的激发

教师以语言文字为载体，对常见简单汉字的演变史进行介绍，帮助学生认识到汉字独有的实用性与艺术性，不仅能提升学生学习兴趣，还能传承与渗透我国的优秀文化，用中华数千年文明史的智慧结晶来提升学生的综合素质，激发爱国主义情怀。

语言建构与运用、思维发展与提升、审美鉴赏与创造及文化传承与理解对提升学生的语文综合素养，实现语文学科的培养目标，促进学生全面发展及终身发展起着举足轻重的作用。教学中，我们要积极发挥语文核心素养的指导作用，以学科核心素养为培养目标，整体提升学生的综合素质及核心素养。

---

① 王喜斌，王会娟. 小学语文学科核心素养教育教学的困境及出路探析［J］. 西北成人教育学院学报，2018（3）：45-50.

语文核心素养与课程统整之间的关系

一、语文课程资源

吴刚平著文指出："课程资源的研究为创造性地实施国家课程，合理开发地方课程和校本课程，增加课程的适应性，开辟了广阔的理论视野和技术前景。"所谓语文课程资源，朱绍禹先生认为："是指能够转化为语文课程和服务于语文课程的各种因素和条件的总称。"语文课程资源按照来源的标准进行分类，可分为校内语文课程资源和校外语文课程资源。校内语文课程资源是指校内的各种与语文教学活动密切相关的资源，比如教师和学生，语文教材及教辅资料、报刊、工具书、图书馆、多媒体教师、演讲会、辩论会等。校外课程资源是指社区、自然界和学生家长、家庭中可利用的语文教学的资源。如博物馆、自然风光、文物古迹、风俗民情，以及家庭的图书、报刊等。

语文课程资源的概念有广义和狭义之分。广义的课程资源是指有利于实现课程目标的各种因素；狭义的课程资源仅指形成课程的直接因素来源。校内语文课程资源主要有三大板块，分别是语文教材资源、语文教师资源和学生资源。其中，语文教材是最重要的语文课程资源。它虽然不是唯一的课程资源，但与语文教育活动关系最为密切，是语文教育行为实施中最常见的媒介和载体。对于语文教材，可进行单元内重构、整册教材内重构和学段内重构。语文教师是课程资源的开发与利用者，是课程资源的生命载体，具有内生性。学生参与到语文课程的开发活动中，他们在语文教学活动中的参与、交流和碰撞不仅能互相促进，而且能生成新的语文课程资源；其知识的积累、经验、学习习惯、学习成果乃至各秉才情，都是语文课程的资源。

二、语文课程资源统整

"语文学习的外延与生活的外延相等"，这一经典论述集中体现了"大语文教育观"的思想，即不但要重视校内语文课程资源的整合，也要关注校外语文课程资源的开发与利用。在语文教育教学实际中，长期以来我们过于关注校内的语文课程资源，甚至把语文教材等同于语文课程资源，而忽视了校外语文课程资源对于语文教育教学的积极作用。因此，不少学者指出，我国幅员辽阔、民族众多，经济文化发展水平参差，语文课程资源状况千差万别，这为我们因地制宜地整合课程资源提出了必然要求，同时提供了可靠保障。语文课程资源统整如果忽略了校外语文资源的开发与利用，那将是不完整的。

目前国内关于课程资源整合的界定，有的强调课程资源整合的过程，有的强调结果，有的将其视为课程开发模式或策略，有的强调其对教师专业发展的作用，有的强调重视学生发展的需要，还有的认为其整合过程和结果是并重的。但可以发现这些界定几乎达成一个共识：课程资源整合包括两个部分，一个部分是学校在国家课程预留空间内开发出的全新的校本课程，它与国家课程、地方课程并列构成学校课程的三大板块；另一部分是学校根据本校实际对国家课程和地方课程进行的校本化实施。

小学语文学科既是帮助学生接触社会，认识社会的基础课程，同时也是帮助学生形成健全人格及优秀道德品质的重要工具。语文课内外资源整合作为优化语文教学、加强语文教育实践性的重要途径，是一个新的项目，不论是理论体系的建构与实践经验的积累，还是在基础教育课程改革的实践中，我们都面临着一系列新的问题与挑战。

三、课程统整是培养语文核心素养重要抓手

《语文课程标准》曾这样指出："语文是实践性很强的课程，应注重培养学生的语文实践能力，而培养这种语文能力的主要途径是语文实践。"另外，学生语文素养还包括良好的品德、健康的情趣、正确的价值观等人文素养，这一目标的实现，也必须靠语文实践过程中的潜移默化、熏陶感染来实现。

从目前小学语文课本中的课文所涉及的范围来看，上至天文，下至地理，大到宏观宇宙，小到微观粒子，几乎无所不包。因而，一部语文教材，几乎可

以说是一部微型小百科全书。语文是学习各门学科的基础，它包括了语言文字知识（如语音、文字、语法、修辞、逻辑等）和运用语言文字进行实践活动，还参与学生思想政治素质和观察、记忆、想象、思维等心理素质探索、审美、创造能力、人格情操的培养。语文教育担负着训练口头语言和书面语言的专门任务。学生语言工具掌握得愈好，就愈有利于综合运用语文能力。所以，在实施素质教育中语文具有得天独厚的优势，我们理应把在语文课堂上，培养学生的语文素养作为语文课改的重要目标之一。

在传统的语文课程里，教科书都是分科知识，这与在实际生活中，学生所要面对的和处理的生活事件或问题的多元化相矛盾，教育和现实脱节。作为一个独立的人，每个学生都有自己的思维特点和思考方式，对任何问题都有自己的想法和见解。但传统教育中往往强调问题答案的唯一性和正确性，对学科知识过分强调、忽视学生主体作用的发挥，这样严重阻碍了学生的健康发展，特别是扼杀了学生的学习欲望和创新能力。所以说：打破学科壁垒，进行语文课程统整是培养学生语文素养的抓手，它对于提升语文素养、传统教育的改革和学生个性的发展都显得尤为重要。

《课程资源整合下小学语文核心素养提升的实践研究》项目也就是在这样的一个背景下提出来的，我们从整体的视角出发，将语文校本课程开发、语文课程资源和语文校本教研等几个关系密切的范畴融合在一起，力图构建语文课程资源统整的整体观。它不但是学科知识的统整，还包含教学方法的统整、学生学习能力的统整、它是学校教学研究的方向之一。我们在综合分析语文课内外资源整合案例的基础上，对语文课程资源统整的内涵和呈现形式进行常识性的分析，重点关注语文课程资源对培养学生语文素养的意义和价值。

第二章

课程资源统整下小学语文核心素养提升的实施过程

我校地处石化城区北端的新城区城乡结合部，约二分之一生源为外省市进城务工和当地征地的农民子女，其余来自于本市从事各行业的普通家庭。多年来，我们通过文献和问卷调研等现状分析，总结梳理语文课程改革中存在的问题，根据课程标准、学校的理念、学情和学校对教师和学生的发展愿景，探索如何在课程资源统整下，提升小学语文核心素养。尝试从语文核心素养的培养目标，把语文知识、学习习惯、创新能力等作为教学中培养和训练的要求做起，切实有效地落实到教育教学的各个环节，并把它们也作为语文学科目标之一。同时，充分挖掘并利用其他多种语文资源，尝试语文学习内容的整合；自编了《创意阅读与表达》和《趣味语文》校本课程，优化教学策略和学生的学习方式，编写了《学生基础素养评价手册》，以此来激发学生的语文学习兴趣，养成良好的学习习惯，通过丰富学生的学习经历，进而提高学生的语文核心素养。

基于语文核心素养培育要求，
分析数据明确定位

  语文核心素养培育必须建立在科学分析的基础上，有一定的理念做支撑。我们通过各类文献研究、问卷调查、访谈等方法，采集了许多相关数据，并对一千多份数据进行了图表式分析。通过数据分析，语文学习现状和学生语文核心素养最薄弱的地方，通过查阅资料，咨询专家，数据与现状的对比分析，明确了语文核心素养的培养目标。提出了以下几个建议：

  （1）创设具有现代意识和创新文化氛围，转变教育观念。

  （2）挖掘和充分利用学校教育教学活动中一切创新因素，探索以课程为载体，培养小学生语文核心素养的可行途径。

  （3）形成促进学生语文核心素养的发展课堂，开发小学生的探究潜能，培养小学生的探索精神和创新人格，养成创新型思维方式和创新学习习惯。

  （4）提高小学生的作业设计质量，尝试跨学科联合作业等形式，让学生完成自己有创意的作业，提高综合素养和学业水平，为今后发展成为创新人才奠定良好的基础。尤其是问题突出的作业问题，进行了二次调查，并以此为突破口，进行更多的研究。

小学低年级语文作业调查问卷（家长卷）

1. 您的孩子喜欢做语文作业吗？（　　　）［单选题］

选项	小计	比例	
A.喜欢	1295		86.1%
B.不喜欢	113		7.51%
C.无所谓	96		6.38%
本题有效填写人次	1504		

2. 你孩子做语文作业时有人辅导吗？（　　　）［单选题］

选项	小计	比例	
A.有	1323		87.97%
B.没有	181		12.03%
本题有效填写人次	1504		

3. 您感觉老师布置的作业多吗？（　　　）［单选题］

选项	小计	比例	
A.很多	47		3.13%
B.适量	1343		89.3%
C.很少	114		7.58%
本题有效填写人次	1504		

4. 您知道孩子每天的作业内容是什么吗？（　　　）［单选题］

选项	小计	比例	
A.知道	1391		92.49%
B.有时知道	105		6.98%
C.不知道	8		0.53%
本题有效填写人次	1504		

5. 您孩子的语文家庭作业类型有哪些？（   ）［多选题］

选项	小计	比例
A.简单的抄写	1068	71.01%
B.课外阅读	1127	74.93%
C.口头的朗读	1361	90.49%
D.说话训练	543	36.1%
E.综合实践活动	538	35.77%
本题有效填写人次	1504	

6. 当你的孩子在做语文作业时，遇到难题，孩子如何解决？（   ）［多选题］

选项	小计	比例
A.问家长、同学	1426	94.81%
B.自己动脑筋	979	65.09%
C.抄袭同学的	3	0.2%
D.乱做	79	5.25%
E.空着不做	233	15.49%
本题有效填写人次	1504	

7. 您的孩子每天大概用多长时间完成语文作业？（   ）［单选题］

选项	小计	比例
A.30分钟以内	412	27.39%
B.1小时以内	837	55.65%
C.1小时以上	255	16.95%
本题有效填写人次	1504	

8. 您的孩子有放学回到家就写作业的习惯吗？（   ）［单选题］

选项	小计	比例
A.每天如此	965	64.16%
B.有时会	487	32.38%
C.从来没有	52	3.46%
本题有效填写人次	1504	

9. 您平时检查孩子的作业吗？（   ）［单选题］

选项	小计	比例	
A.每天如此	1299		86.37%
B.有时会	195		12.97%
C.从来没有	10		0.66%
本题有效填写人次	1504		

10. 假如老师没留作业，你会主动给自己找作业吗？（   ）［单选题］

选项	小计	比例	
A.会	1077		71.61%
B.不会	156		10.37%
C.凭兴趣	271		18.02%
本题有效填写人次	1504		

小学语文作业设计调查问卷（教师卷）

1. 您的教龄（   ）［单选题］

选项	小计	比例	
A.5年以下	26		46.43%
B.5年—10年	9		16.07%
C.10年—20年	7		12.5%
D.20年以上	14		25%
本题有效填写人次	56		

2. 您在常规教学中，一般设计哪些作业？（   ）［多选题］

选项	小计	比例	
A.抄写生字词、	47		83.93%
B.抄写句子、段落	19		33.93%
C.读、背课文	55		98.21%

续　表

选项	小计	比例
D.练习卷	37	66.07%
E.日(周)记	36	64.29%
F.课外阅读	44	78.57%
G.读书笔记	9	16.07%
H.与教学相关的观察、表演	19	33.93%
I.预习查词意、查阅资料	40	71.43%
J.实践活动	31	55.36%
本题有效填写人次	56	

3. 在您布置的作业中,您认为最有效的语文作业是什么?(　　　)［多选题］

选项	小计	比例
A.抄写生字词	37	66.07%
B.抄写句子、段落	13	23.21%
C.读、背课文	39	69.64%
D.练习卷	30	53.57%
E.日（周）记	21	37.5%
F.课外阅读	35	62.5%
G.读书笔记	4	7.14%
H.与教学相关的观察、表演	9	16.07%
I.预习查词意、查阅资料	30	53.57%
J.实践活动	16	28.57%
本题有效填写人次	56	

4. 您对学生的语文作业的评价方式有(　　　)［多选题］

选项	小计	比例
A.教师评价	55	98.21%
B.学生自评	45	80.36%
C.小组互评	42	75%
D.家长评价	45	80.36%
本题有效填写人次	56	

5.您的学生一般需要多长时间完成当天的语文作业?(　　)［单选题］

选项	小计	比例	
A.30分钟以内	18		32.14%
B.30分钟到一个小时	36		64.29%
C.一个小时到两个小时	2		3.57%
D.两个小时以上	0		0%
本题有效填写人次	56		

6.您觉得在作业批改方面,感到最大的问题是什么?(　　)［单选题］

选项	小计	比例	
A.作业量大,要花很多时间	13		23.21%
B.作业字迹潦草	14		25%
C.作业质量差,错误严重,令人生气	17		30.36%
D.年纪大了,眼睛看不清,颈椎痛	12		21.43%
本题有效填写人次	56		

7.您设计语文作业的方式有(　　)［单选题］

选项	小计	比例	
A.利用旧的资料,优化选题	10		17.86%
B.根据教材学习内容,自我设计	10		17.86%
C.根据学生学习情况,师生共同设计	2		3.57%
D.结合教材内容、学生学习情况,设计长周期作业	28		50%
E.设计教材、学生、社会与生活相联系的个性化作业	6		10.71%
本题有效填写人次	56		

8.您设计的语文作业(　　)［单选题］

选项	小计	比例	
A.课堂作业统一设计,家庭作业分层设计	32		57.14%
B.所有作业统一设计	10		17.86%
C.有分层选做作业	14		25%
本题有效填写人次	56		

9. 您设计的语文作业（   ）［单选题］

选项	小计	比例	
A.个人完成和小组合作完成相结合	34		60.71%
B.全部个人完成	16		28.57%
C.家长辅导下完成	6		10.71%
本题有效填写人次	56		

小学语文作业情况调查问卷（学生卷）

1. 你认为完成语文作业重要吗？（   ）［单选题］

选项	小计	比例	
A.非常重要	1955		97.02%
B.有些重要	56		2.78%
C.不重要	4		0.2%
本题有效填写人次	2015		

2. 你喜欢你的语文学科吗？（   ）［单选题］

选项	小计	比例	
A.喜欢	1641		81.44%
B.一般	352		17.47%
C.不喜欢	22		1.09%
本题有效填写人次	2015		

3. 在学习课文之前，你有没有预习课文的习惯？（   ）［单选题］

选项	小计	比例	
A.经常	1622		80.5%
B.有时候有	368		18.26%
C.没有	25		1.24%
本题有效填写人次	2015		

4. 在上课的时候, 你能不能坚持认真听老师讲课, 并参与回答问题呢?
[单选题]

选项	小计	比例	
A.能	1317		65.36%
B.有时候能	682		33.85%
C.不能	16		0.79%
本题有效填写人次	2015		

5. 你在做语文作业的过程中遇到最大的困难是什么? (　　) [单选题]

选项	小计	比例	
A.听不懂老师的讲课	58		2.88%
B.说不出想说的内容	805		39.95%
C.读课文有困难	66		3.28%
D.不会写作文	729		36.18%
E.学过后遗忘很快	357		17.72%
本题有效填写人次	2015		

6. 在目前完成作业的过程中, 你感觉自己在哪方面存在不足? (　　)
[单选题]

选项	小计	比例	
A.基础知识掌握	189		9.38%
B.阅读理解文章	769		38.16%
C.写作中	705		34.99%
D.知识的灵活运用上	352		17.47%
本题有效填写人次	2015		

7. 在学习过程中, 碰到不懂、不能解决的问题, 你首先想到的解决办法是
什么? (　　) [单选题]

选项	小计	比例	
A.查阅资料	907		45.01%
B.向同学或老师请教, 和他们讨论	778		38.61%

续 表

选项	小计	比例	
C.把它记下来，上课时听老师讲解	277		13.75%
D.不管它，不懂就不懂吧	50		2.48%
E.抄袭别人的作业，应付老师再说	3		0.15%
本题有效填写人次	2015		

8. 对于家庭作业，你是不是积极主动地完成以后再去玩耍？（　　　）［单选题］

选项	小计	比例	
A.经常是	1372		68.09%
B.有时候是	538		26.7%
C.不是	105		5.21%
本题有效填写人次	2015		

9. 平时，你喜欢进行语文课外阅读吗？（　　　）［单选题］

选项	小计	比例	
A.喜欢，并经常选择适合自己课外读物看	1274		63.23%
B.一般，只是偶尔读一些课外读物	693		34.39%
C.不喜欢读课外读物，最多只读语文书	31		1.54%
D.什么也不读	17		0.84%
本题有效填写人次	2015		

10. 你想不想了解一些关于有效完成作业的方法和技巧呢？（　　　）［单选题］

选项	小计	比例	
A.想	1979		98.21%
B.不想	19		0.94%
C.无所谓	17		0.84%
本题有效填写人次	2015		

基于语文核心素养培育要求，
研发语文校本课程

课程能促进学生语文核心素养的全面发展与提高，编制与之相匹配的校本课程是实现培养语文核心素养人才的必研之路。在大量的理论学习之后，我们对照语文课程标准，以上海市课程计划为基础，整合各类体现现代科学思想和方法的先进教育内容，有机扩充语文教学内容，开发了与之配套的合适教材。我们从三方面统整语文课程资源：

一、校本课程内容的来源

国家教材统整以目前的课改新教材为主要教学资源，参考其他版本的教学资源，将教材的内容进行重新整合。引导学生以单元为目标，精读几篇课文，并将学习方法迁移到泛读和自读课文中，泛读课文采用套餐作业的形式，让学生自选题目学习课文，然后通过课堂交流学习成果的形式，巩固学科知识；力求在学好教材的基础上，把自己求知的触角伸向更广阔的空间，把学习扎根于广博的生活空间，把思维扩展到无限的知识海洋中。

三类课程统整 "三类课程统整" 是指为了最大限度地用好教材资源，将基础型课程、拓展型课程与探究型课程的内容有机调适和统整，通过有效的解构和耦合，从而形成学生学习内容的完整体系，并更好地达到各自的课程目标要求，让课程适合每一位学生的发展，尝试着按照基础型课程（85%）、拓展型课程（10%）和探究型课程（5%）的比例进行三类课程的整合，进行课程的重新设计，探索形成的一些有效做法和经验。我们将通过师生的读书节活动，学习交流会、长短周期探究作业的研究、书香校园的打造等语文综合活动，在拓展延伸课本内容的活动中，开阔学生的视野，提高学生语文核心素养。

跨学科统整开辟语文教学空间，以主题式单元学习的形式，探索如何结合德育、音乐、体育、美术、自然等学科，开展丰富多彩的语文综合性活动；探索在语文实践活动中，全面提高学生语文核心素养的有效途径。想在探究性实践活动中，拓展学习内容；挖掘地方特色，深化地域文化；走近自然，走进社区，体验生活，以此来提高学生的语文核心素养。

二、校本课程的编写思路

我们创编的《创意阅读与表达》和《趣味语文》两套校本课程，遵循了在语文教育和语文学习中，培养良好的语文学习兴趣和学习习惯应该处核心地位的理念，根据《上海市二期课改课程方案》的精神，将上海市中小学生学业质量绿色指标作为导向，以市级项目《基于学期课程统整下，新课程校本化的实践研究》的研究成果为基础，从课程目标的设定、课程的内容设置、课程资源的开发等方面进行改革。其内容都选择贴近学生日常生活的常识性问题，尤其是低中年级，一般比较具体、形象，可以通过观察、阅读、动手做和初步人际交往加以解决。高年级的内容则更多的是通过多种渠道获取信息，进行有一定深度的人际交往、较系统地运用策略性知识加以解决。

我们将语文知识分成学科拓展、学科探究、跨学科统整三类；系统地融入"趣味汉字""百变句型""悠悠诗韵""诵读经典""诵读经典""自然王国""心灵鸡汤"等版块中，从字、词、句、篇入手，渗透各类文学作品和阅读技巧，螺旋上升式地编排阅读体验内容，以此来提高学生的语文阅读与表达素养，为学生拓宽视野、积累经验。同时，结合学生的日常生活实践，采用了更加新鲜奇特的方式来讲授语文，例如：精彩绝伦的故事、诙谐幽默的话语、华丽秀美的辞藻、灵动悠扬的乐曲、意义深刻的游戏、鲜艳生动的图画、惟妙惟肖的表演……宽阔的视野、有趣的体验，激发着学生无所不在的创造力与想象力，让孩子们在语文的海洋中遨游，在游戏的王国中驰骋，在学中玩，玩中学。

三、校本课程编写的目标

1. 培养个性阅读和创意表达的能力

根据新课程标准，引导学生积累丰富的语言，培养语感，发展思维，初步掌握学习语文的基本方法，养成良好的学习习惯，使他们具有适应实际需要的识字、写字、阅读、写作、口语交际能力。鼓励学生从自己的兴趣出发，自主地选择切合学生实际的问题开展研究，通过探究性阅读学习，运用观察、调查、实验、猜想、分析、推理等手段，在真实的生活环境中开展研究，解决问题，获得直接的体验和经验，获得对自我价值的认识和实践的体验。同时，为学生的多元智能发展提供平台，让学生发展自己的个性和施展自己的才能。鼓励学生敢于质疑，勇于实践，善于创新，追求卓越。

2. 学科间内容整合，发挥学科联动效益

本课程按照"学科拓展、学科探究"两大系列，分了"趣味汉字、百变句型、悠悠诗韵、诵读经典、走进自然、心灵鸡汤、快乐生活、自然王国、与爱同行、主题探究"十大版块内容，将培养良好的语文学习兴趣和学习习惯放在语文教育和语文学习的核心地位。希望通过课外阅读资料、网络资源、社会实践基地等其他相关渠道，补充更为鲜活生动的学习内容。采用各种形式的个性化学习指导，让学生创意表达自己的学习感受，体验学习的快乐。用有趣的语文知识和学习方法刺激学生积极去学，从而有效地提高学生的语文素质，培养学生的创新能力和参与实践的能力。

3. 优化学习方式，注重学习经历的体验

改变学生单一的接受性学习方式，倡导表现性学习方式。让学生在自主实践体验和合作交流的过程中，学会运用多种学习方式来学习，尝试个性化地表达自己的学习成效。教学中，一方面要考虑汉语言文字的特点对识字写字、阅读、写作、口语交际和学生思维发展等方面的影响，重视培养良好的语感和整体把握的能力。另一方面要着重培养学生的语文实践能力，让学生更多地直接接触语文材料，在大量的语文实践中体会、掌握运用语文的规律。开展多种实践性、体验性的学习活动，拓展学生的学习时空，丰富学生的学习经历。

四、校本课程编写方法

1. 开发课堂教学资源，落实单元整合基础上的读写结合

第一，我们根据国家的《语文课程标准》，明确了语文核心素养的培养目标，整理了各学段的单元教学目标，明确了教学的三维目标，并将课文内容进行重新组合，使教材更能将课标的编写意图转化为师生课堂教学的行为，为培养学生的语文核心素养找好风向标。

第二，教师要抓住单元中每篇课文与其相应的读、写、听、说之间的关联性，联系现实，寻找契机，创设情境，带动学生的情感体验，使学生的听、说、读、写，彼此相融为一个有机的整体，形成学习链。在学习过程中，培养学生学习语文的良好习惯，促进学生语文学习能力的全面提高和语文核心素养的提升。

2. 开发课外学习资源，训练创新体验基础上的读写积累

我们不断挖掘各种语文学习资源，将与教材相配套的《语文综合学习读本》、探究拓展学习包、校内外的语文学习元素进行整合。结合读写积累的成功范例耐心生动地向学生讲解读写积累的重要性。让学生明白，那些用了心思积累起来的内容，日子久了必将内化为自己的感受；让他们相信，那些再现生活、展示心灵、提升个性的日记，会因记录下自己成长的轨迹而显得特别珍贵。同时，对学生中好的摘抄、好的日记作品进行点评，在评析中相互启发、相互学习，取长补短。引导学生带着课上学习获得的体验去观察生活、感受生活、拓展生活，培养学生在生活中学语文用语文，提升语文核心素养。

3. 以教材为辐射点，设计主题式语文探究实践活动

第一，让学生更多地直接接触语文材料，在大量的语文实践中掌握运用语文的规律。

第二，教师要在准确把握教科书编辑思想的基础上，自主地灵活地选择和运用教科书的各种设计，把听、说、读、写和综合实践活动落在实处，将从语文学习及生活中提炼学生感兴趣的或有教育意义的问题，作为校本教材编写的内容，创造性地设计并开展各种综合实践活动，增加学生语文实践的机会，在体验中，丰富学生的语言积累，培养良好的学习习惯，全面提高学生的整体语文核心素养，逐步形成现代社会所需要的终生受用的语文能力。

基于语文核心素养培育，探究有效教学模式

情报收集分析后，我们发现学生在校时间有80%是在课堂教学环境中度过，课堂教学也占了教师工作量的约80%。所以，学科课堂教学是培养学生语文核心素养的主渠道，我们认为，基础教育阶段实施语文核心素养培育要敢于从"主渠道"进行突破，就是说从学科教学，从课堂教学入手开展学生语文核心素养的培养，发掘语文学习内容中培养语文核心素养因素，设计、编写语文课程语文核心素养培养教案和俱乐部课程教学方案。在教学中做到以下："两个统整，一个优化"。

一、教学三维目标的统整

"知识与技能""过程与方法""情感态度与价值观"是二期课改中提出的三位一体的课程目标，将三维目标进行整合，从而提高教学的有效性。

二、教学要求的统整

教学内容与学生学习习惯培养，品德培养目标的整合；学生课内外教学活动的整合，课堂传授知识与社会生活经验的整合等。

三、教学模式的创新

在教学时，让孩子在趣味教学中了解汉字的起源，增进对汉字的了解；学会各种有趣的词语、成语、熟语；知道将词语排成队，组成句子，能理解句子的变化多端；感受中国传统文化——诗篇的博大精深，能知道诗的多种形式，在诵读经典作品中，感受作家语言文字的魅力，学会积累与运用，在大量的语文实践中体会、掌握运用语文的规律。通过优秀文化的熏陶感染，提高学生的

思想道德修养和审美情趣，在大量的综合实践活动中，使他们逐步形成良好的个性和健全的人格，促进德、智、体、美诸方面的和谐发展，使学生的语文综合素养得到提高。

1. 弘扬精神，激发学生创新意识

引领学生通过课文内容的学习、感悟，体会科学类课文中人物丰富的内心世界，精神实质，是进行语文核心素养培育的重要任务。巧用教材资源上的科学家或科学类文章中的人物，以他们的聪明、智慧的思维火花，严谨、勤恳的治学风范，始终如一、孜孜不倦的执着态度，尊重事实、注重调查的科学方法，不畏艰难、追求真理的勇敢精神，质疑寻思、敢于创新的灵活思想等，感动学生，激励和促动着学生的行为。它不仅有助于学生深刻理解课文内容，更能促使学生的情感得以升华，形成仰慕的情感，从而使爱科学、学科学、用科学行为得以内化，创新意识和个性品质得到初步培养。

2. 改变课型，挖掘语文学习的兴奋点

在课的导入阶段，激发兴趣，鼓励质疑，激起学生思维的火花。

在新知教学阶段，启发引导，鼓励动脑，展示学生的思维过程。

在课堂练习中，拓展思路，举一反三，形成自主学习的技能。

在课外作业布置上，形式多样，引导迁移，养成自我反思的习惯。

四、自主学习模式

自主学习方式是在师生双边互动的基础上实现其目标的，它奉行的是"以学生为主体、以教师为主导、以发展为主线"的指导思想，其最高境界则是通过教师的"为创新而教"和学生的"为创新而学"，实现学生语文核心素养的全面提高和个性品质的全面发展。我们遵循小学生认知规律，从小学生的学习特点出发，注意"民主、平等、合作、和谐"的课堂氛围的形成和学生创新学习动机的激发，重视学生的学习策略，教授新奇、灵活而高效的学习方法，引导学生走上愉快学习的捷径，追求学生创新学习目标，在学生创新学习过程中不断发展学生的语文核心素养，使学生主体性得到真正体现，并生动、活泼、主动地发展。在课堂教学上，我们构建了统整后的表现性课堂学习模式，其框架见表2-1：

表2-1

教师活动 （引导点拨）	表现过程 （架起桥梁）	学生活动 （自主创新）
激情导趣	产生内驱	乐于求知
目标导向	明确方向	自主设计
示范导法	教给方法	自主实践
点拨导思	学习探索	自主质疑
迁移导练	巩固技能	自主讨论
拓展导用	课外延伸	自主运用
最终目的：培养孩子敢表、乐表、善表、表真、表善、表美、表新		

在语文教学中，根据小学语文教材所选的课文具有鲜明形象的特点，可以用实物演示情境，用图画再现情境，用音乐渲染情境，用表演体会情境，用生活展现情境，用语言描绘情境等方法，将学生带入课文所描写的情境中，从而激发他们的想象力，给学生提问题的机会，发挥他们的创新才能。主张深入挖掘和教材及教学过程中的创新因素，做到既能最大限度地促进学生语文核心素养的发展，又有助于减轻学生的负担和强化学习贵在创新的思想，使教材具有使学生乐于学习的价值，其操作程序要具有"趣味性""思考性""应用性"和"开放性"等特点，创设情境、提供资源，强化和满足学生的这种需求，让学生在学习中发现、探索、研究。

五、优化课例研究模式

为了保证项目研究的质量，我们以"六步曲校本教研"为抓手，各备课组围绕每学期期初，确定的研究专题，开展实证研究。课例研究是载体，研讨活动是助推器。老师们一边上课，一边观课，将创新意识培养的教学目标走进真实的课堂验证其合理性，老师们通过前期的"做"，加之后期的"整理"，辩论、反思、总结，提炼成果，提出困惑，都为后面的研究提供了许多宝贵的借鉴经验。在实践中，我们总结出了课例研究的基本模式（见图2-1）。课例研究让我们顺利地将"猜想"得到了"验证"。

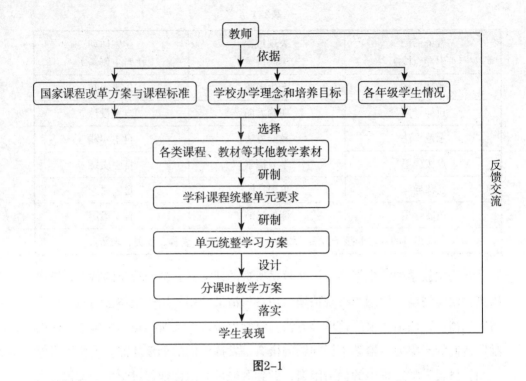

图2-1

基于语文核心素养培育，尝试改变评价方式

我们对学生进行多元化的评价和激励，为学生的个性发展提供空间，尝试了小学生语文表现性学习的评价方式。

一、基础型课程

实施目标多元、方法多样的评价机制。如：日常评价、过程性随机评价、质量检测等。在教师、同伴、家长、自己多方的评价下，判断学生的进步过程、努力程度、反省能力及其最终发展水平。结合评价内容促进学生各种学习习惯的养成及自我诊断与评价，挖掘学生的优点，使学生获得自信，始终保持积极的学习态度进行快乐学习。

二、探究型课程

用"单向研究学习单""成长记录册"和"网络探究的交流"等多元化评价方式。"单向研究学习单"就是根据研究主题确定研究内容和方法设计的具有项目特点的学习记录单，通过过程性记录，同学间合作互评，不断改进学习成果。"成长记录册"即用表格的形式，由学生、教师、家长（或社区）、同学四方面分别予以评价。最后，把学生项目活动的成绩记载入《学生成长手册》的"探究型课程学习情况记录表"。"小荷才露尖尖角"学校网站的建设通过主题式网络研讨话题，让不同年级的学生共同参与研讨，将研究的内容不断扩大，研究的难度逐步加深，在查看别人活动成果的同时，积累与自我评定，取长补短，不断提升自己的综合素养。

三、拓展型课程

教师根据每个学生参加学习的态度，以课堂评价、作业展评、教师评价为主，进行多元评价，分为"优秀""良好""一般""较差"记录，作为"优秀学生"评比条件。学生静态成果则通过班级展示、开放阅览角、"小荷才露尖尖角"博客网站展示评比，动态成果通过一些汇报演出等形式展示，成绩优秀者可将其成果记入学生学籍档案内。

改革考察内容与形式。对学生基础知识和技能的考察采用口试与笔试相结合、卷面考察与动手能力相结合、平时检查与期末考查相结合的办法。如语文考试中做到落实双基、覆盖全面、题型灵活，重视基本技能的考查，实行基本题和附加题相结合的考试办法。既不使差生产生畏难情绪，又为优生脱颖而出创造了机会。

第三章

课程资源统整下小学语文核心素养提升的管理模式

习近平总书记在全国教育大会上明确指出：党的十八大以来，我们围绕培养什么人、怎样培养人、为谁培养人这一根本问题，全面加强党对教育工作的领导，坚持立德树人，加强学校思想政治工作，推进教育改革，加快补齐教育短板，教育事业中国特色更加鲜明，教育现代化加速推进。教育方面人民群众获得感明显增强，我国教育的国际影响力加快提升，13亿多中国人民的思想道德素质和科学文化素质全面提升。中共中央、国务院《关于深化教育教学改革全面提高义务教育质量的意见》和《国家中长期教育改革和发展规划纲要（2010—2020年）》等一系列重要举措的出台。国家在课程设置上的不断完善，为开展五育并举的语文课程管理指明了方向，营造了良好的环境。

时代发展需要基于五育并举的语文课程管理

一、孤岛式的教学方式固化了学生的创新思维

目前的教育现状是：对学科知识过分强调，往往忽视了学科间的关联，忽视了学生主体作用的发挥，忽视了学生个性的发展，语文教学工作中许多地方还存在僵化、孤立、片面的现象，阻碍了学生全面素质的提升，特别是扼杀了教师和学生的创新欲望和创新能力。这与中国的飞速发展，需要大量德、智、体、美、劳全面发展、能担当民族复兴大任的时代新人不符。

二、买椟还珠式的评价方式偏离了教育的本质

教书育人，教书是手段，育人是目的。而现在流行的评价方式往往是注重表面，以成绩论英雄。碰到新教改，课时安排有所减少，教材内容在增加，考试命题的方式也逐渐强化为能力的检测，这让那些停留在应试教育观念下，以教语文书，以题海大战，以死记硬背为主要教学方式的教师感到很大压力，力不从心。这也为开展基于五育并举的语文课程管理研究提供了需求和条件。

语文课程管理的价值助力师生实现五育并举

我们的研究就是基于上述现状，在遵循《语文课程标准》"应拓宽语文学习和运用的领域，注重跨学科的学习和现代科技手段的运用，使学生在不同内容和方法的相互交叉、渗透和整合中开阔视野，提高学习效率，初步养成现代社会所需要的综合素养"要求的基础上，通过打破学科的壁垒，将五育并举融入语文课程管理中，帮助师生建立一个开放的学习空间，构建平等的学习氛围。我们在语文课程资源的功能特点、空间分布、呈现状态及载体形式分析中发现：

一、生活中处处皆有语文

我们从呱呱坠地时的第一个哭声开始，到日常的衣食住行都离不开语文；就目前使用的国家教材而言，其涉及的范围，上至天文，下至地理，大到宏观宇宙，小到微观粒子，几乎无所不包，一部语文教材，可以说是一部微型的小百科全书；可以说生活处处皆有语文。

二、语文是各科学习的基础

语文学习它包括了语言文字知识（如语音、文字、语法、修辞、逻辑等）和运用语言文字进行实践活动，并创造语文实践活动成果（如思维、写作、演讲、交际等）的训练内容，是一门分支广、范围宽、实践性强的综合学科，教学中除了教给学生学科的知识与技能外，还参与学生思想政治素质和观察、记忆、想象、思维等心理素质探索、审美、创造能力、人格情操的培养，可以说各学科中都渗透着语文。

因而我们说唯有五育并举的语文课程管理，才符合新时代对人才的需求，它是健全人性与培养合格公民的重要基础。

五育并举语文课程管理的三维路径建构

如何进行"五育并举的语文课程管理"它与常规的管理有什么区别呢？近几年，我从语文课程管理的"高、宽、厚"三个维度进行了研究，可以形象地概括为：课程方案的制订决定了课程的高度，就是"要把学生带到哪里去？"；课程内容和形式的删选决定了课程的宽度，就是"怎么带学生去？"；而课程评价的多元化，则决定了课程的厚度，能"检测学生已经到了哪里？"。在这样一个三维度的立体空间里，我们探索出了一套"五育并举"浸润式融入的语文课程管理模式，简称"语文课程管理的三度空间"。接下来，从三个维度有侧重地介绍我们的研究。

一、"去哪里？"——制订方案定位了课程的高度

语文学习应该是一种分支广、范围宽、实践性强的综合性学习，需要载体和途径。因此，我们在研发语文课程时，立足于关注学生的生活，尊重和满足每个学生和教师个性发展的需要，在整体规划、部门联合中制订了课程方案，定位了课程的高度。

我们基于学生问卷调查分析的结果，从学校的办学理念、学生成长需求，社会发展期待等方面建立校本课程体系的基本结构图（见图3-1）。其目标整体安排基础型、拓展型、探究型三类的学习内容，以此来彰显语文学习的特征，将语音、文字、语法、修辞、逻辑等语言文字知识的学习和运用语言文字进行实践活动的成果（如思维、写作、演讲、交际）等能力训练内容进行整合。在践行语文课程的过程中，力求做到打破学科壁垒，利用社区和学校的各类课程资源，选择贴近学生日常生活的常识性问题，较系统地引导学生运用自己所学知识来解决日常生活中的问题，通过不断丰富学生的学习经历，除了教给学生

学科知识与技能外，还加入了学生思想、观察、记忆、想象、思维、审美、创造能力、人格情操等各种语文学习能力和人文精神的培养。

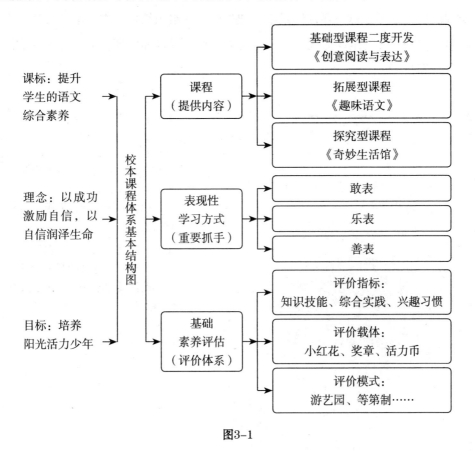

图3-1

二、"怎么去？"——统整时空确定了课程的宽度

课程方案决定了课程的高度，明确了我们的方向，那么"怎么带学生去"？我们发现：课程内容和形式的删选决定了课程的宽度。于是，我们确立了除了国家课程的严格落实外，还要跨学科统整课程，利用综合实践活动的特点，联结课内外学习的时间和空间，以丰富学生学习经历为出发点和落脚点，不断实现各学科知识的拓展将学科价值发挥出来，这对于不同学力的孩子来说，整个实践过程是知识技能的一次回炉性学习、也是知识技能的一种拓展延伸，还是知识转化为能力的一个实现手段。

1. 从内容角度

我们根据金色童年校本课程体系的设计思路，聚焦三类课程建设，将语文课程的研发纳入到整个课程体系中，课程内容的组织结构，有社区、学校、家庭多个层面，它的组织方式，既有一定的规律、递进和序列，又是交叉的多维度（见表3-1）。

表3-1

语文课程内容设定图示	内容说明
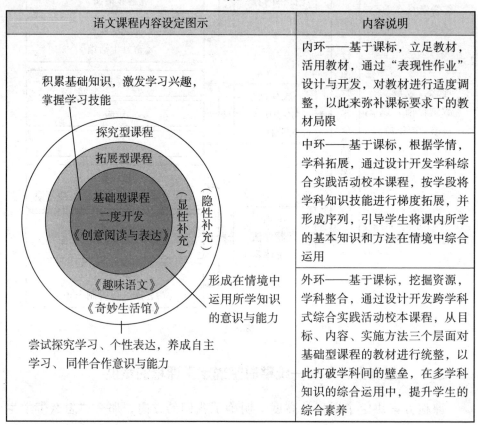	内环——基于课标，立足教材，活用教材，通过"表现性作业"设计与开发，对教材进行适度调整，以此来弥补课标要求下的教材局限
	中环——基于课标，根据学情，学科拓展，通过设计开发学科综合实践活动校本课程，按学段将学科知识技能进行梯度拓展，并形成序列，引导学生将课内所学的基本知识和方法在情境中综合运用
	外环——基于课标，挖掘资源，学科整合，通过设计开发跨学科式综合实践活动校本课程，从目标、内容、实施方法三个层面对基础型课程的教材进行统整，以此打破学科间的壁垒，在多学科知识的综合运用中，提升学生的综合素养

2. 从操作角度

在操作过程中，我们遵循以下要领（见表3-2），我们采用跨学科学习，链接校内外各类教育教学资源，不断丰富学生的学习经历，延展了课程的时空，培养了他们各种语文学习能力和人文精神，进而提升了学生的综合素养。

表3-2

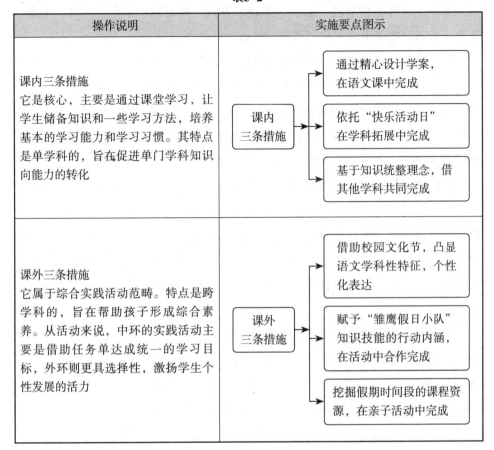

操作说明	实施要点图示
课内三条措施 它是核心，主要是通过课堂学习，让学生储备知识和一些学习方法，培养基本的学习能力和学习习惯。其特点是单学科的，旨在促进单门学科知识向能力的转化	课内三条措施 → 通过精心设计学案，在语文课中完成 → 依托"快乐活动日"在学科拓展中完成 → 基于知识统整理念，借其他学科共同完成
课外三条措施 它属于综合实践活动范畴。特点是跨学科的，旨在帮助孩子形成综合素养。从活动来说，中环的实践活动主要是借助任务单达成统一的学习目标，外环则更具选择性，激扬学生个性发展的活力	课外三条措施 → 借助校园文化节，凸显语文学科性特征，个性化表达 → 赋予"雏鹰假日小队"知识技能的行动内涵，在活动中合作完成 → 挖掘假期时间段的课程资源，在亲子活动中完成

三、"到哪了？"——多元评价检测了课程的厚度

从课程方案的制订到实施，师生的激情被点燃了，但是好景不长，很多师生一开始热情似火，慢慢就有些懈怠了，教学效果也没有应试教学的"短时高效"。于是，项目组从评价维度找原因。我们结合上海市绿色指标测试和金山区基础素养评估项目，建立了一套学科评估模式。从评价指标、评价载体、评价模式三个视角：明确了融合国家课程标准、区域学科要求、学校培养目标为一体的评价指标，将学习的知识、技能、过程、方法、情感态度和价值观进行统整；努力做到评价方法的表现性，评价内容的综合性、全面性、分层性，充分体现学科间有效资源的整合，实现了一到五年级课程知识点的序列递进式纵向发展的动态，让处于不同学习层次的学生都能得到教师个性化指导，体会到

成功的喜悦，在评价引领下激发学生的学习潜能，提升学生的语文学科综合素养，让学生在评价中养成"敢表、乐表、善表"的习惯；学会"表真、表善、表美、表新"的能力。我们总结梳理了以下几类评价模式：

1. 常态化评价模式——促进兴趣习惯的培养

项目推进过程中不断加强过程性、表现性评价的研究，特别是对项目中"兴趣习惯"板块的有效落实进行了深入研究。在实际操作中我们发现，"小红花""五角星"等奖励对促进学生养成良好习惯有一定作用，但激励作用持续的效果不长。经过多方调研，项目组根据小学生爱玩游戏的特点，设计了"学习储蓄卡"，以"学习金币"累积的形式来记录学生日常的学习表现。又建立了一所学力存储虚拟银行——"活力银行"，"存的是习惯，储的是兴趣"，并以兴趣习惯评价细则作为银行的"存储细则"，同时将评价标准和奖励依据以"存款取使用说明"的形式，将学习兴趣、良好习惯与表彰奖励有机地结合，建立起多元的学科评价体系，努力培养学生良好的学习习惯，增强学习的动力。

2. 学科评价模式——检验学习目标的落实

我们立足课程标准，进一步梳理了以语学科的能力要点，根据各年级的年龄特点、知识能力的侧重点等，设计出各个年级、各门学科的检测重点，并以"阶段单项验收"的形式进行检测，以此提升学生的学科素养。如，一年级的孩子入学后，首先培养的是良好的学习习惯，端正写字、读书姿势尤为重要，学校就安排了一年级的"读写习惯"验收，第二学期则是对学生拼音能力的验收；升入二年级，学校侧重的是对学生的朗读能力和字词积累进行检测；而对于中高段的孩子，学校也分别安排了课外阅读和写作能力的检测。同时，学校搭建"读书节"平台，通过小擂台竞赛，开展一系列学科知识技能展示活动，进一步提升学生的学科素养。

3. 综合评价模式——创新多元评价的模式

我们针对一到五年级学生的生理和心理发展的规律，学习的起点，改变评价手段，努力开发灵活多样的评价方式，使评价呈现过程性、表现性、统整性等特点。

例1：以"游园争章"模式，创新实施学科评价

学校对低年级学业评价做出了大胆改革，探索形成了"游园争章"式学业评价模式：各学科依据课程标准，设计本学科"游艺园"学科综合评价活动方案，包括"活动目标""活动内容""活动评价""活动准备""注意事项"等内容，活动设计要注重学科性、趣味性与分层性，提倡学科统整性。活动当天，学生凭借手中的"游园卡"（即评价反馈单）到各"游园室"（每个学科各有一个游园室）进行考查，按学生的表现水平获得不同数量的奖章。活动结束后，各学科整理学生"游园卡"获得奖章的情况，对学生的学科素养做出评价。"游园争章"评价注入了分层性和统整性的特征，一门学科可能涵盖了多门学科的考查。如，美术学科中融合语文学科的口头表达能力的评价，学生在完成"流动的汽车旅馆"的基础上完整表述自己的创作意图就能得到超级奖章。

例2：以"等第制"评价模式，摆脱传统分数评价束缚

项目实施过程中，以真正的"等第制"取代对学生学业的分数评价：学生的每一份试卷已没有了分数的痕迹，只有学科素养的等第。类似于"体检报告"的《语文学科基础素养评估报告单》（见表3-3）。

表3-3

内容		日常表现			教师留言
知识技能	积累				
	阅读				
	习作				
	实践				
综合实践	作业				
	合作				
	交往				
兴趣习惯	听讲				
	读写				
	爱好				

表3-3显示的是学生"知识技能""兴趣习惯""综合实践"等方面的10项指标的情况，全部用A、B、C、D记录。"教师留言"则是教师解读学生10个方面的表现，指出优点和不足，并提出建议。这是真正的"等第制"，学校、老师不再将试卷上的考试分数高低来评价学生学习的好坏，而更侧重于学习能力、兴趣、潜力等的综合评价。只有这样，才能对学生更客观全面地评价，才能更有利于增强学生自信心，促进学生提高综合素质。

基于五育并举的语文课程管理的成效

探索中,我们发现:跨学科统整各类语文资源,跨学科、跨领域的学习能拓宽学生学习的时间和空间,培养了学生触类旁通,将课堂上单科学习到的知识技能运用到其他学科的意识和能力,激发了学习兴趣,提升了综合运用知识技能,解决问题的本领,成效显著。

一、解决了学校课程管理的困惑

众所周知,儿童时期的学生富有表现的愿望,也是创新品质发展的良好时期。语文核心素养是一种以语文能力为核心的综合素养,其要素包括语文知识、语言积累、语文能力、语文学习方法和习惯,以及思维能力、人文素养等。它除了听、说、读、写、思五个方面的知识、能力之外,还要把文化和思想价值、文学审美等内容纳入,为学生在学好本学科的基础上,触类旁通地学好其他课程奠定了基础,为学生的全面、终身发展做好了铺垫。本项目就是基于语文核心素养的要求,从学生的认知,能力、习惯和个性发展等方面出发,在尽量合乎真实的情境中,运用表现性评分规则对学生完成复杂任务的过程表现或与结果做出判断。尝试"表现性评价",在内容上,将基础型课程、拓展型课程、研究型课程三类课程进行统整;在教法上,将学习习惯、学习方法、学习能力的培养作为评价重点,将这三者有意识地统整;通过"五育并举"的方法,使学生在"德、智、体、美、劳"各方面得到了全面发展。近四年,本校语文组获市、区级各类比赛的团体奖或优秀组织奖共计24项。

二、提升了学生们的综合素养

在项目研究中,我通过文献、问卷调查、访谈等数据分析,总结梳理了语文课程改革中存在的问题，根据课程标准、学校的理念、学情和学校对教师和学生的发展愿景，探索语文素养的培养目标，把语文知识、学习习惯、创新能力等作为教学中培养和训练的要求，落实到教育教学的各个评价环节，并把它们也作为语文综合素养评价的指标，编写了《金山小学学生基础素养评价手册》。通过开设"活力银行"存储"学习金币"的形式，来激发学生的学习兴趣，养成良好的学习习惯，通过丰富学生的学习经历，实验班的学生语文素养快速提升。

随着本项目的推进，我们改变了语文课程知识孤立隔离的现状，采用"同步学，异步达标"的多元开放的评价方法，让优等生"吃得饱"，学习困难学生"吃得下"，将评价内容联系学生的生活实际，学以致用，减轻了学生的学习负担，让童年的学习充满童趣、童真。四年来，学生在市、区级语文类比赛中，共计获奖103人次。

三、老师们尝到了课程改革的甜头

本项目研究的重点就是：克服唯知识的教与学，凸显以能力为主的素养，从关注教师的教学方式转变向关注学生的学习方式转变。五育并举的语文课程管理模式，把教学着力点从教师如何"教"转变为学生如何"学"，引导学生自己去获得知识，让学生学会学习，个性得到全面发展。实验组教师采用表现性教学评价方式，分步落实学科知识，这不仅优化了课程资源，还使教师从"教教材"逐步转变为"用教材"，教师渐渐地把学生的需求放在重要的位置，能更多依据学生的需求调整教材的逻辑顺序和知识结构，从一个教材的"实施者"，转化为"设计者"。同时，[①]通过表现性评价项目的推进，实现了基础知识和技能的考查采用口试与笔试相结合、卷面考查与动手能力相结合、平时检查与期末考查相结合的办法，这样既让学困生减轻了学习压力，又为优等生的脱颖而出创造了机会。在"上海市绿色指标测试"中，我校学生的语文学科能力维度，很多项目高于上海市的平均分，让老师们尝到了课程改革

---

① 王建荣.六经注我　我注六经——刍议阅读对话中的视界融合 [J].文教资料, 2008 (20)：127-129.

的甜头。近年来，语文教师在市区级各类比赛中，共计获奖80人次。

综上所述的数据证明了该项目的可行性和价值所在，最终达到学生和教师共同进步的目的，实现了双赢。

改革路上，我们将不断实践，面对质疑，我们不会回避。在基于五育并举的语文课程管理的探索实践中，我们找到了学校均衡优质发展的抓手，教师基于课程标准的教学与评价能力正逐步提升，学生在丰富的学习经历中发挥着学习潜能，养成了良好的学习习惯，形成了基本的综合素养。家长对教育多了理性思考，对学校多了理解与支持。但时代发展总是不断提出新的课题。2020年新冠肺炎疫情的爆发，让网上课堂呈现出爆发式的成长，这种新的教学模式对于语文教学管理又是一个全新的课题。而科技正在用更快的速度深刻地改变我们的生活，也将改变我们的教学方式。下一步我们将根据发展需要适时开展基于5G和AI互动平台的语文教学探索。我们一定会继续用智慧践行这场教育的改革。

本栏大部分内容前期已在（李伟胜，刘竑波主编：《立德树人落实机制研究——能力机制优秀案例集》，教育科学出版社2021年版）发表过。本章内容为金山小学经验在钱圩小学的推广运用。

课程资源统整下小学语文核心素养提升的策略研究

课堂教学离不开课程资源的支撑。如何让丰富多彩的课程资源进入课堂，为教学服务，是"大语文"教学观的实际体现，也是对语文教师教学能力的挑战。多年来，我在宏观理解新课标理念、把握新教材实施体系的基础上，根据自己的教学实践经验，创新读写思路，合理统整各类语文资源，重组教材内容，形成读写链，把语文学习融入到各个领域的学习中，把课内与课外有意识地联系起来。一幅画、一张小报，一篇日记，记下了孩子们最真挚的感受，用他们的手，记下自己的发现，让他们明白写作就是那么简单，那么有趣。在与伙伴合作交流中，快乐学习，共同进步。丰富多彩的学习经历，为孩子打开一扇扇探究知识的大门，激发他们无穷的潜力，让学习不再是苦差事。接下来通过一些实例，分享我们统整课程资源后，提升学生语文素养的教学策略与思考。

小学语文低年级编儿歌识字策略

　　低年级学生是学习语言的黄金时代，是打好语言基础的关键期。心理学研究表明，小学生的有意注意时间短，无意注意占优势。这对一年级新生而言，小学的学习活动由幼儿园的游戏教学转变为纯学习，很多孩子会一下子无法适应。同时又由于语文教材中的汉字数量多，形体变化复杂，对有些接受能力较弱的孩子而言更是难如登天，往往会产生害怕、厌恶的情绪。我根据《语文课程标准》中"识字教学要将儿童熟识的语言因素作为主要材料，同时充分利用儿童生活经验，注重教给识字方法，力求识用结合"。的要求，依据低年级学生的心理特征，结合儿歌词句简短、结构简单、想象丰富以及富有韵律和节奏的特点，按照"笔画名称—部首—常用字—易错字"的顺序将字编写成童谣，在日常游戏、二分钟预备铃的时候，让孩子们唱唱、背背、猜猜、记记，轻松地识字，把原先的"认写同步"的识字方法调整为"认写分开、多认少写；识用同步，边记边用；层层推进，降低难度"。帮助学生寻找隐含在汉字中的童趣，引导学生变换形式识字，不断满足学生的好奇心，让每个字带有温度，让识字活动快乐起来。下面就结合自己的教学体会，谈谈如何创设情境，以用促学，教学生识字规律，激发学习兴趣的。

一、笔画名称和字同步识

　　每个字都是由基本笔画组成的，因此我在让学生学习基本字之前，先用儿歌的形式教会学生基本的笔画名称，让学生在愉快的诵读中熟记并掌握它，这样就便于他们记字了。例如：

横竖撇捺点儿歌

一横一竖一个"十";十上加横是个"干";

十下加横是个"土";十加撇捺是个"木";

木上加点是个"术";木上加撇是个"禾";

木下加横是个"本";横、竖、撇、捺、点;

书写汉字要用它,小朋友呀要牢记!

二、部首名称组合识记

新教材从一年级起,学生就要识记大量的汉字,认识很多部首名称。而我们现在的很多教师都将低年级语文教学的重心放在了过分集中识字、记词和课文的阅读训练上,而且教学方法形式单一,缺少趣味。这与低年级学生以模仿性、直观思维为主的心理生理特征不相适应,造成孩子识记的困难。因此,我在教学中尽量引导孩子找出识记这些部首名称和汉字的规则,并根据部首的意思,编创出朗朗上口的儿歌,帮助孩子们加强对形声字字意的区分和识记。例如:

部首谣

说话讨论用语言,(讠)言字旁呀站左边;

树林森林大树多,(木)木字旁呀来排队;

轿车轮船运输忙,(车)车子旁呀用处大;

早出晚归靠太阳,(日)日字旁呀来分辨;

花草是药真神奇,(艹)草字头里藏秘密。

三、常用汉字巧妙记

我根据汉字的特点,运用"加一加、减一减""百变汉字真奇妙""想一想、猜一猜"等方式,编一些充满童趣、符合儿童理解水平的歌谣,引导学生在吟诵中愉快地识字,加深对常用汉字识记方法的理解,教给学生更多的识字方法,帮助学生选择巧妙的方法记汉字,使枯燥的识字教学变得妙趣横生。例如:

1. 加一加、减一减

加一加，减一减，
识字游戏真快乐！
一人"大"，
二人"天"，
天字出头就是"夫"，
夫字加两点"夹夹"牢，
夹字站好"来"排队，
来字去帽就是"米"，
米字去点就是"木"，
木字去十就是"人"，
人字加点就是"太"，
……

2. 汉字真奇妙

汉字造型真奇妙，
就像一位魔法师，
睁大眼睛看仔细，
一不留神就弄错：
日出东方，天气晴；
山青水清，心情好！
小蜻蜓呀，忙捉虫。
小眼睛呀，看不够；
妈妈请客，我说请；
人人夸我好孩子。

3. 想一想、猜一猜

老牛老牛，嗷呜一口，咬去尾巴，急得把状"告"；
大月小月手拉手，交"朋"友；
日月照大地，光"明"就来到；
小口中间坐，大口把它抱"回"家；
两个小矮人，"坐"在土堆上；

小王和小白，坐在石上喝雪"碧"；

三人同行看日落，"春"天美景看不够；

一块白毛巾，挂在大树边，"棉"花咪咪笑；

……

学生在识记的过程中，既识记了字音、字形，又理解了字义，同时锻炼了思维能力、语言的组织能力和表达能力，一举多得，真正地做到乐学、善学、会学。

四、易错汉字讨论记

让学生在轻松、愉悦的环境中学会独立识字是我的最终目标。因此，在教学易错的汉字时，我采用小组合作探究识字的方法，先让学生根据合体字的构成特点，采用"做加减法，自编儿歌、编顺口溜或编记字故事"等方式自由选择好的方法记字，然后全班交流介绍自己的记字方法，比比谁的记字方法最简单易记，让孩子们在主动参与、积极思考、大胆探究的过程中，区分形近字、易混字，加深印象，又快又牢地记住汉字。例如，请大家讨论"辩、瓣、辫、辨"怎样才能把它们分清楚呢？学生讨论后，就编了顺口溜，使原本易错的字，孩子们通过童谣的传唱，牢牢地记在了心中。

顺口溜：辩、辨、辫、瓣

争辩问题用语言，言在中间来"辩"论；

分辨对错用刀切，中间点撇要细"辨"；

新疆小辫女生爱，绕来绕去编"辫"子；

先开花来后结果，花"瓣"中间藏瓜果。

"辩、辨、辫、瓣"真淘气，

一不留神就弄错，小朋友们要看清。

五、诵读创编识字乐

通过一段时间的学习，孩子们的识字方法有了很大的改进，不像以前那样死记硬背了，同时，随着学生的识字量与阅读兴趣的大大提高，在交流互动中，有些孩子开始尝试着仿编、创编童谣。面对这一现状，我根据学生的个性特点，尝试着用"一诵，二仿，三创"的三步教学法，由扶到放，将儿童从单纯地识字、诵读，记忆童谣，提升到对童谣内涵的理解和运用上。

"一诵"是指学生在借助拼音和记字方法尝试自主记诵童谣时，引导孩子用心体会这首童谣编写的方法，这对学生自己编童谣是很有帮助的。俗语说得好："熟读唐诗三百首，不会作诗也会吟。"孩子就像一张白纸，脑袋里是空空的，我们引导他们多记诵童谣，孩子自然也会编童谣了。例如：教学《四季》时，引导学生感受作者想象的丰富，语言的简短有趣，在识记"尖尖、弯弯、圆圆"这几个词的意思时，让他们边读边想边做动作，体会作者把四季的景色特点都写出来的妙处。看到学生兴趣盎然地记诵课文时，我连忙问："喜欢这首儿歌吗？"学生异口同声地回答："喜欢！"，于是水到渠成地开始教学的第二环节——"仿编"。首先让学生学着课文的样子，用换词的方式，改编儿歌。接着，出示更多的和这四个季节有关的图片，让小朋友在一片惊叹与赞美声中观察大自然的景物，不久学生想改变童谣的兴趣油然而生，于是我趁热打铁地说："谁愿意当小诗人，学着课文的样子也来编几句童谣？"话音刚落，孩子们就自由地准备起来。"春天桃花红红，夏天荷叶圆圆，秋天树叶黄黄……"孩子们兴奋地模仿着课文的句式练习着："春天百花开（柳条绿绿；青蛙呱呱；燕子叽叽；小雨沙沙），夏天荷花笑（荷叶绿绿；西瓜甜甜；冷饮凉凉），秋天树叶黄（菊花黄黄；桂花香香；葡萄紫紫；葡萄甜甜；瓜果多多）冬天腊梅香（雪花冷冷；雪花美美；风儿大大）。……"

当学生掌握了前面两个环节的学习方式，就引导学生进入第三环节——"自创"。我有意识地指导孩子们将前面讲过的关键内容、学过的生字、新词迁移到自编童谣中，这样既可以举一反三地复习生字新词，又在温故而知新中学会了创编儿歌，降低了学习的难度，让更多的孩子参与到创编童谣的行列中。同时，我引导学生边讨论自己眼中一年四季的景物，边开动小脑筋，想想它有什么特点，有什么作用，它会怎样说，怎样做？让孩子明白了生活中处处有童谣。在小组研究、交流、讨论一番后，有些孩子就编出了自创的童谣："春天到，小花笑，青蛙跳，燕子来，我们放风筝。"；"夏天到，荷花开，西瓜甜，我们游泳真开心！"；"秋天到，瓜果多，香蕉黄，葡萄甜，吃得我笑眯眯。"；"冬天到，天气冷，雪花飘，腊梅香，我们去跑步。……"

记得苏霍姆林斯基曾经说过："人的内心里有一种根深蒂固的需要——总想感到自己是发现者、研究者、探寻者。"在孩子的精神世界中，这种需求特别强烈。在上述的教学经历中，我发现识字过程一定要将儿童熟识的语言因素作为主要材料，充分利用儿童的生活经验和爱唱爱玩的特点，运用多种形象直观的教学手段，创设丰富多彩的教学情境，将识字和用字相结合，激发起学生寻找记字规律的兴趣。让他们在儿歌声中，动脑、动手、动口主动参与学习；在老师的赞扬声中，尝试、体验、享受成功的快乐；让孩子们尽情地在汉字的童话王国嬉戏。

"接龙"日记激发写作活力策略

一、缘起

汉语词典将"活力"解释为：旺盛的生命力。而学生写作没有活力的现状一直困扰着语文教师。如何改变？在实践中，发现可以从写作动力、写作能力和写作环境三个维度来破解这个教学难题。多年来，我尝试采用"接龙式"日记来激发学生写作活力，提高学生在写作行动和思想上的主动性，训练他们表达的生动性，使学生在学习写作的过程中充满活力，撰写的作品富有灵性，写作能力和作文质量明显提高，曾经有103人次获得全国、市、区级各类征文比赛奖项；还有许多学生逐渐爱上写作，到了中学依然自豪地说："小学的方法，到了中学还管用，作文经常被老师表扬。"看到他们充满自信和活力的笑容，我感到很欣慰。接下来以《兔宝宝》"接龙式"日记的撰写指导为例，谈谈自己的做法。

二、尝试

1. "领养兔宝宝"——观察激趣

在日常教学中，经常发现学生平时没有仔细观察生活的习惯，生活和知识积累很少，写作素材更是匮乏；直接造成了写作时无物可写，写作动力不足。每当老师布置写作任务后，许多学生只好呆望黑板，胡编乱造，数着字数拼凑，痛苦不堪。因此，在指导写《介绍一种小动物》习作时，我先让学生观察照片中各种姿态的小兔子；再用白描的方式引导学生用简单的句子介绍兔子的头部、身体、四肢；有意识地用大特写的照片将兔子的形状、颜色、特点等方面展示出来，引导学生仔细观察；用兔子呆萌、可爱的样子从情感上让学生喜欢上它，激发起写作兴趣。然后，在伙伴交流分享中，让学生学习按照一定的顺序仔细观察兔子，完整地介绍兔子的外形；最后，通过"谁有火眼金睛"的游戏，让学生比一比谁介绍的兔宝宝最完整、最生动，得到"火眼金睛"观察小达人称号的学生，可以把我买的真兔子领回家，当一天兔爸或兔妈，并把每天观察的新发现，写成日记，用接龙传递的形式，集体制作《兔宝宝长成记》。新颖的布置作业方式，让孩子兴趣盎然，写作动力和观察的主动性大增。当天就有许多学生为了得到领养兔宝宝的权利，课间围着兔子反复观察，并将它的外形细致地描绘了出来。例如：

【顾盼同学的作文】

兔宝宝全身长着毛茸茸的白毛，远远看去就像一团白雪，我就给它取名"雪儿"。它的毛很长，把脸都挡住了，粗看整张脸上有两颗小黑点，远看像一粒黑豆，近一点看像枣核，再凑近一看啊！"雪儿"的眼睛原来像荔枝核，从里到外有三层，而且眼珠子是黑不溜秋的。它的嘴巴好像是因为生气而裂成了三瓣，真奇怪！它的耳朵长长地竖在那儿，好像是两个信号接收器；它的身体虽然很小，但是肚子又大又圆，鼓鼓囊囊的，我猜想它一定是个贪吃的家伙；它的尾巴像个乒乓球似的粘在肥胖的身体后面。

2．"夸夸兔宝宝"——活动提能

"不愿写"的困境解决了，但不久学生又陷入"不会写"的第二困境：很多人心有千言万语，但文章总是写不完整，写不生动，一肚子想说的话就是表达不清楚，很明显这是由于写作能力不够造成的，因此很多学生又退缩了，不愿意写作文；即使硬着头皮写了也像挤牙膏似的又短又枯燥，没有活力。直面现象，我按照不同主题，组织学生进行片段式训练，如："兔宝宝爱吃什么？""兔宝宝的N种睡姿"等一系列观察活动中，指导他们先把单一主题的内容写具体、写生动，再学着将内容像搭积木一样进行拼装，合成一篇文章，写作难度的降低，学生自信心提高了。在交流分享中，我继续沿用竞争上岗领养兔宝宝的奖励措施，激发学生因为想当兔爸兔妈，而费尽脑汁，不断地探寻兔宝宝与众不同的地方，将我教的写作方法运用到写《兔宝宝长成记》中，情动而辞发，各类生动有趣，充满活力的作文渐渐出现，孩子们在不断思考中，学会了作文的修改，进步明显。请看王奕淳同学的《兔宝宝爱吃什么？》前后两次写作的变化：

表4-1

王奕淳初期作品	王奕淳修改后作品
今天一大早,我就去看兔宝宝雪儿,我发现兔宝宝吃东西时,它嘴巴张得越大,吃东西的速度也就越快。我给它吃饼干,发现它咬的时候,只有一颗可爱的小门牙露在外面,真好玩!	我属兔,所以我特别喜欢小白兔"雪儿"。它的眼睛圆圆的、亮亮的,每次可怜兮兮地看着我,就让我忍不住找来好多吃的,去喂它。 今天一大早,我给它吃饼干,发现它咬的时候,只有一颗可爱的小门牙露在外面,真好玩! 我还发现兔宝宝吃东西时,嘴巴张得越大,吃东西的速度也就越快。只见它嘴巴快速地动了没几下,一块饼干就吃完了,看样子它挺喜欢吃饼干的。 最奇怪的是不知为什么"雪儿"不吃东西的时候,嘴巴也在嚼,就像个搅拌机,查阅资料后,才发现原来那是兔宝宝在锻炼自己的牙齿,真是太神奇了!

3. "假如我是……"——展示激情

第二阶段学生从"不会写"渐渐到写作能力普遍提高后,为了保持学生持久的写作热情,我采用角色扮演的方式,将第三阶段的训练重点放在营造良好的写作氛围上,旨在让学生在你追我赶,智慧分享中,激情澎湃地去观察,去讲述自己眼中的兔宝宝,创作完善"接龙式"日记,让《兔宝宝长成记》的内容越来越生动,学生的写作活力越来越强。课堂上我组织学生用小组合作方式扮演兔宝宝、兔爸、兔妈和观众评委,将自己领养兔宝宝的喜、怒、哀、乐演出来,然后每周评选一组"超级兔宝家族",家族成员可以将兔宝宝带回家养三天,这样的奖励让学生兴奋不已。每个小组展示汇报前都认真准备,优秀作品层出不穷,学生在评选的过程中,逐渐学会了判断文章的优点和不足。而我随机将一些动作、心理、语言和神态的描写手法,用修改日记的形式演绎给学生看,他们很快理解,并模仿着完善了自己的作文,在潜移默化中,写作的激情被激发,有些没轮到当兔爸和兔妈的孩子,按捺不住写作的热情,当起了写作顾问,帮助同学一起完善作品,争夺兔宝宝领养权:

【吴雨萌小组】

我们很兴奋,因为是第二次当上兔妈和兔爸了。

一早,组内的同学就到我家看望兔宝宝。我们要做的第一件事就是喂养"雪儿"。"雪儿"看见我们也很兴奋,知道有吃的了,在笼子里蹿上蹿下。听说兔子最爱吃萝卜。于是,我们首选了萝卜去喂它,心想:"雪儿"一定会很开心，大概几口就会把萝卜吃完。可是出人意料的事情发生了，"雪儿"看见萝卜，把头一扭，只当没看见，我把萝卜塞到它的嘴边，可是它的嘴巴一点也没有动，还把头扭开，转个身子，用屁股对着我，我真不明白为什么以前大家都说兔子爱吃萝卜，我看那是骗人的。

后来，我们又用卷心菜叶子喂它，它不仅开心地大吃了起来，还跳起来抢我们手里的吃。这时，小陆突然又发现了一个秘密——卷心菜掉在笼子里，兔宝宝就不吃了，我们再拿起另一片叶子在它的面前晃来晃去，它就来抢，这难道就是俗语说的："兔子不吃窝边草吗？"我仔细想想，兔子不喜欢先吃窝里的东西，而是先吃你手中的东西，是因为窝里的东西是它自己的，即使你不喂它，兔子饿了，也能美美地吃，外面的东西拿走了，它就吃不到了，"雪儿"真是太聪明啦！

三、启发

《小学语文新课标》的写作要求明确指出："在写作教学中，应注重培养学生观察、思考、表达和创造的能力，为学生的自主写作提供有利的条件和广阔的空间，减少对学生写作的束缚，鼓励自由表达和创意的表达，鼓励写想象中的事物，加强平时练习指导。"遵循课标，在"接龙式"日记指导中，我始终围绕写作动力、写作能力和写作环境促进写作活力这条主线，螺旋上升地设置各阶段写作目标。对比不同阶段学生的作品和写作状态，进步是显而易见的；学生写作行动和思想上的主动性提高了，作品表达的完整性和生动性都有了长足的进步。最有价值的是：在这样的训练下，学生从观察发现中写作兴趣越来越浓厚；在当兔爸、兔妈的过程中自发地探索着各种写作技巧，提升写作能力；在交流展示《兔宝宝长成记》的作品时，写作激情被点燃，每天的兔宝宝分享时间成了孩子们的最爱，他们不仅学会了观察、照顾、介绍小动物，还无形地增进了同学间的友情，在互帮互助中学会了合作交流，协同共进，体会到了父母养育自己的艰辛。这种充满活力的学习写作方式，学生乐于接受，并无痕地慢慢转化为学习写作的好习惯。我从中受到了如下启示：

1. 从观察激趣入手培养写作发现力

小学是写作训练的起步阶段，也是最佳时机。我从指导观察的角度和方法入手，精心创设和安排了"超级兔宝家族"的情境，用学生喜闻乐见的形式作为写作内容，用童话的感受方式，将学生与兔子融为一体，在情感达成共识后，再教学生用眼睛去捕捉生活，多角度研究事物，在探寻积累的过程中，学会发现，并用只言片语记录下最难忘的一幕或当时的真实感受，鼓励学生个性地表达自己的想法，帮助他们克服写长作文的畏难情绪，感到写日记就像和同学聊天一样轻松，激发倾吐欲望。

此外，"接龙式"日记不要求每个孩子每天写，先从心理上先破解了学生怕写作文的魔咒，再把写日记变为竞争上岗当兔爸兔妈，记录《兔宝宝长成记》。这样的观察、思考和写作指导方式，极大地激发了学生的探究和表达兴趣，他们从不愿写，变为抢着写。这不仅让学生们在观察中积累了大量写作素材，丰富了写作内容，还培养了他们的发现力。就如教育家蒙台梭利说的那样："儿童具有一种未知的力量，这种力量可以引导我们进入美好的未来。我们的教育必须将发展儿童的潜能作为目标。"

2. 用活动蓄能助生增强写作表达力

学生兴趣被激发，发现力得到提升，这为后续的写作做好了铺垫。他们都很珍惜这个当兔爸兔妈的机会，一天的领养尝试，往往意犹未尽，所以很多学生渴望再次领养兔宝宝，一味追求写作表达上的华丽辞藻，经常大量摘录好词好句运用到文中夸兔宝宝，想以此得到冠军，但事与愿违，他们虽然观察仔细，准备也很充分，在交流领养兔宝宝的所见、所闻、所感时滔滔不绝，兴趣盎然。但是在讲述中，缺乏条理性，随意性很强，无病呻吟，表达不清楚的文章比比皆是，究其原因是写作能力弱造成的。于是，我在每日的互动点评《兔宝宝成长记》时，抓住契机将一些写作技巧无痕地渗透进去。慢慢地学生明白了要写好日记，不仅要有鹰的眼光、犬的嗅觉、蛇的敏感，还要围绕一个中心，按照一定的顺序，把事情的经过说完整，说具体，说生动，这样才能让听众爱上自家兔宝宝。平时，遇到不明白的，可以向课外书、电脑、师长或伙伴求助……

苏联教育家苏霍姆林斯基说："热烈的学习愿望，明确的学习目标，是学生学习活动的最重要的动因。"第二阶段我始终先让学生围绕一个主题，在真实或者模拟环境中参与丰富多彩的观察和交流活动，在深度讨论后，选择最难忘的事例记录下来，用活动帮助他们完成一个个主题的写作目标，在互动交流和点评中，学会分辨作品的优劣，储存写作能力，在修改完善中，增强作品的表达力。

3. 从展示交流中燃情提高写作生长力

记得苏霍姆林斯基曾说："如果教师不想方设法使学生进入情绪高昂和智力振奋的内心状态，就急于传授知识，那么，这种知识只能使人产生冷漠的态度，而不动感情的脑力劳动就会带来疲倦。"因此，我将第三阶段的训练定位在营造良好的写作氛围上。真实的故事情节加上孩子们并不娴熟，但可爱的喂养故事再现，欢笑声总在每天的兔宝宝故事分享会上响起，交流自己的作文成为一种学习期待。学生在演一演、说一说、评一评、改一改中，点燃了写作激情，提高了写作的生长力。

那一篇篇充满生活情趣的日记，不仅记录下学生与兔宝宝间的快乐生活，还培养了学生乐于观察生活，勤学好问，爱做记录的良好习惯。学生从对兔子的喜爱转变为探秘兔子的生活习性，一个个新奇的发现和问题的不断涌现，写作的活力被调动了起来，更多学生爱上了写作，自发地挑战自己，总结写作中的成败，摸索着写作的窍门，写作不再是一份苦差。

"接龙式"日记在"看—写—说—评—议—改—品—思"中循环往复着；热爱生活，学会表达的种子已经埋在了学生的心田，并不断生长着。引爆孩子的写作活力，达到作家冰心说的："心里有什么，笔下写什么，此时此地只有我，只听凭此时此地的思潮，自由奔放，从头脑中流到指上，从指上落到笔尖。微笑也好，深愁也好，洒洒脱脱，自自然然地画在纸上。"这样的境界，是我们不变的追求。

学无止境，教无定法，因为爱我们乐此不疲，因为爱师生活力四射！

"四重四轻"绘本写话指导策略

低年级学生正处于"读图"向文字表达过渡的年龄段，利用绘本写话的优势，让孩子在零压力的情况下，带着好奇、兴奋的心情，融入绘本的故事情境，并透过有意义的提问和引导，激发孩子启蒙写话的兴趣，通过直观化的绘本内容，让孩子吸收、转化各种观点，为高年级的写作打下良好基础。整个教学过程中，培养孩子逻辑思考、预测推理能力，不断提升听、说、读、写的语文素养，让学生在欣赏美、感受美、培养美的同时陶冶情操，促进了多元智能的发展。

一、"四重四轻"绘本写话研究背景

《语文课程标准》对一、二年级学生提出的写话要求是："对写话有兴趣，写自己想说的话，写想象中的事物，写出自己对周围事物的认识和感想。在写话中乐于运用阅读和生活中学到的词语。根据表达的需要，学习使用逗号、句号、问号、感叹号。"表面看来课标的要求并不高，但是真正落实到课堂中，经常会出现"横眉冷对方格纸，俯首咬烂铅笔头"的可悲情形，问题的根源何在？我发现：低年级学生的书面表达水平明显地落后于口头表达，这个时期的儿童大量会讲的字词不会写、不会用，会写的字词又不能完整准确地表达自己的心扉。因此，让低年级孩子写话谈何容易，有什么辅助手段可以降低孩子写作的门槛呢？面对这一现状，我在阅读了美国教育家格雷夫斯的写作教学理论后（他的实验证明，几乎所有的孩子初学写作时都需从"绘画"开始），结合孩子喜欢"涂鸦"的天性，尝试"四重四轻"绘本写话的教学方式，让孩子们在涂鸦中讲述自己的生活，把自己的发现和感受用一幅绘画来呈现，孩子们可以凭自己的兴趣选择题材，喜欢写什么就写什么，写不清楚的通过画画来补充说明，让学生真切地感受到写作就是把身边发生的事用一句话、一幅图记录下来，从而焕发他们学习写作的热情，享受写作的快乐。

二、"四重四轻"绘本写话教学方式

皮亚杰认为"儿童自我发现的东西才能被内化，从而产生深刻的理解。每次过早地告诉孩子能够发现的东西，对孩子的思维创造发展没有好处，没有促进。"因此，我认为激发学生写话兴趣是重中之重，只要学生对所学的内容有了强烈的求知欲，感到所学内容对自己很有用，就能产生倾吐的欲望，"情动而辞发"。经过几年"四重四轻"绘本写话教学方式，收获了一些经验：

（一）重内容轻形式

生活中惊天动地的事情很少。对学生而言，每天必须做的事情，不外乎是上课、写作业、课间娱乐等等，可是，当学生获得新知识，答对了一道题，学会了一种新玩法，发现了一个小秘密……都会很激动、很兴奋，在脑海里留下很深刻的印象。对低年级学生而言，记录下来自己的所见、所闻、所想，即便是一行字，也是在写文章。因此，我在指导《兔宝宝成长记》绘本写话时，强调真实地记录自己的感受，只要感情真挚，用写或画的方式把自己看到的，想到的，感受到的内容记录下来就行了，没有篇幅长短和形式要求，从而使学生克服畏难情绪，让孩子觉得写作就像学走路那样容易。例如下面的这些学生作品节选：

表4-2

5月9日　星期二　天气：阴　有时有雨 作者：徐冬池 今天，我领养了兔宝宝军军，军军的眼睛真可爱，远看像一粒黑豆，近一点看像枣核，再凑近一看啊！军军的眼睛原来像荔枝核，从里到外有三层，而且眼珠子是黑不溜秋的。
4月27日　星期四　天气：晴 作者：吴佳怡 我发现兔宝宝的大便远看就像一粒一粒的黑豆子。近看像枣核，凑近一闻：咦！臭死我了。

续表

	5月8日　星期一　天气：阴　有时有雨 作者：王奕淳 今天，轮到我领养兔宝宝雪儿。我给它吃饼干，发现它咬的时候，只有一颗可爱的小门牙露在外面，真好玩！只见它嘴巴快速地动了没几下，一块饼干就吃完了，看样子它挺喜欢吃饼干的。
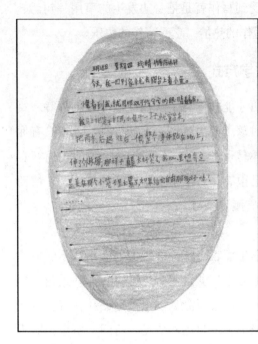	5月18日　星期四　天气：晴 作者：陈祎轩 今天，我一回到家就去阳台上看小兔。小兔看到我，就用那双可怜兮兮的眼睛看着我，我马上把笼子打开，小兔子一下子就蹿了出来，把两条后腿往后一伸，整个身体贴在地上，伸了个懒腰，那样子真是太好笑了。我心里想：肯定是笼子太小，它关在里面太累了，如果给它自由那多好哇！

指导时，教师先组织学生饲养兔子，并让每个学生轮流写日记，全班交流，整个过程重内容轻形式。先启发谈话："同学们你们喜欢兔子吗？看，老师今天把它请来了。（出示几组卡通兔子图）仔细瞧一瞧，它哪些地方长得最可爱。"学生自由发言后。接着，老师小结描写一种小动物的方法：1.要描写它的外形样子，要仔细看它的头部、尾部、毛色、四肢是什么样的。2.要把他们的形状、特点、颜色写具体。然后就让孩子自由画画，写写兔子的外形，然后交流，通过交流使孩子对兔子的外形有一个整体的把握，在交流中慢慢明白怎样把动物的外形按顺序观察仔细，然后找最有代表性的特点重点刻画。一段时间下来，孩子们从兴趣到习惯，不仅掌握了一些写作技巧，还爱上了兔宝宝，争着把兔宝宝领回家，写日记，许多有灵性的作品跃然纸上。

（二）重疏导轻说教

我们经常看见学生喜欢在教科书上画图，这一直以来被老师认为是上课思想开小差，要严厉批评的事。一次偶然的机会，我无意中看到了一位学生的语文书，我不仅看到了满书的图画，还为这些插图所折服，那哪是一般的涂鸦，而是一幅幅的连环画，为语言文字配套的插图。有些插图远远超越了课文中原有插图的表现效果。于是，我在全班进行了一次讨论会，让全班同学讨论在书上画插图好不好，结果有80%的学生都表示画插图是件快乐的事情，认为只要不在上课时间画，不在书上乱画是好事情……根据讨论结果和学生的心理需求，我尝试着让学生在预习或复习课文时，用绘本写话的方式来记录自己对课文的理解。例如：我在教《出生的故事》时，让孩子们先从爸爸妈妈那里打听自己小时候的故事。然后用绘本写话的方式，将这些故事记录下来，再全班交流。孩子们兴趣盎然，全家动员，有些家长还在作品上留下了自己对孩子的祝福。

图4-1

心理学指出："良性情绪状态下，大脑感受力强，神经活力的灵活性，易于建立暂时神经联系，对智力的激发为正激发。"创设和谐的交流氛围，把孩子无意识的坏习惯引向正面是很重要的。我让学生运用绘本写话的方法，把所看所想的内容淋漓尽致地表现出来，再让学生自由地运用所学知识评论作品，这样不仅满足了学生的绘画欲望，把在书上画插图这件"坏事"变好事，还训练了学生的阅读和语言表达能力，在图配文、文解图的过程中，训练了学生的思维和审美能力，那又何乐而不为呢？

（三）重真情轻虚夸

低年级孩子喜欢童话里的世界，在教学《一粒种子》这篇课文前，我先和同学一起种豆子，并让他们想象自己就是种子，把自己生长的过程用绘本写话的方式记录下来，这不仅记录了种子的生长过程，帮助学生理解文本，还培养了他们的责任心和爱心。把植物生长枯燥的科学道理用活泼与绘画和写作相连，引导学生站在"种子宝宝"的角度，运用拟人的手法，联系自己的生活实例，写出了"种子"的"内心独白"，写得生动有趣，吸引读者眼球。

图4-2

写作和绘画本无规律，学生们通过亲自实践，在培植种子的过程中，八仙过海各显神通，既做了写作的主人，又养成了多动脑筋、多动手的习惯。在孩子们眼中的种子是灵动，充满活力的，一幅幅有趣的画卷，一段段情趣盎然的文字，孩子们的视野更加开阔，他们尽情享受着种植、绘画和写作的乐趣，绘画写话的魅力再次使他们深深沉醉，孩子们感受到了，生活处处皆学问，涂涂写写皆美文。

（四）重交流轻打分

在绘本写话教学中，我让学生把生活中观察到的故事、碰到的问题、想对某某说的话等，以绘本写话的形式记录下来，使原本枯燥乏味的写话练习变得有趣，深受学生的喜爱。孩子在写《蚕宝宝的一生》《我的喜、怒、哀、乐》《捏鸡蛋比赛》等作品中，表述了自己的心扉。

表4-3

	春天到了，班级里掀起了一股养蚕热，这不，孩子们又拿起了画笔，写下了一篇篇精彩的小日记
	汶川地震牵动着孩子们的心，他们看到了解放军战士和医护人员在急救伤员，他们也不闲着，当起了拉拉队，多感人的场面

续 表

	张子谦在小区见到一个女孩打扮得像男孩，于是就联想到了花木兰，创作了这幅作品
	学习了《捏不碎的鸡蛋》这篇课文后，许多孩子都回家和爸爸妈妈一起做了这个实验，发生了很多有趣的故事，孩子们立刻创作了许多幅作品

在绘画时孩子往往由于绘画技能、年龄特点的限制，不能把心中所想完全表达出来。这时，学生间的作品交流，为别人的作品添一笔的方法，可以较好地帮助孩子弥补这一不足。组织交流过程中，我既了解了学生的思维方式，又能总结和调整教学方法，引导学生对照着我梳理出来的注意点，修改作品，并让学生向全班介绍自己的作品和设计思路，用贴小苹果的形式评判作品，使学生的绘本写话和口头表达能力不断提升。当全班大部分学生逐渐掌握了绘本写话的基本方法后，我有意识地指导学生利用所掌握的绘本写话方法，分三步去解读别人的作品：首先仔细观察，分析画面内容。其次合理想象，丰富画面信息。最后类比联想，探究画面寓意。在互动交流中，孩子们取长补短，同步学

异步达标，各个在原有基础上都得到了提升。

三、"四重四轻"绘本写话操作要点

1. 搭建支架，助力成功

在绘本写话中，常常会出现这样的一些情况，孩子们表达的画面内容，无法用语言清楚地叙述出来，或者是语言比较零乱、意思表达不清，也有的孩子语言贫乏，不能形象地把绘画内容加以描述。这主要是因为低年级孩子没有掌握一些基本句式，句子表达不完整和语言贫乏所致。于是，我就抓住孩子们表达时出现的问题，搭建支架，教给他们一些表达的技巧指导。例如出示基本句式："谁在哪里做什么；谁（什么）怎么样；谁（什么）是什么"等，让孩子们借助这些基本句式，先把意思表达清楚，然后引导孩子用生动的语言把意思完整地表达出来。

2. 多元评价，提升素养

为了激励孩子"绘本写话"的水平更上一层楼，我采用红苹果、大拇指、笑脸图案；自评、他评；过程性点评和终结性作品展示等多元评价方式，引导孩子去读优秀的作品，帮助孩子给绘画作品编故事，用鲜活的语言滋养孩子的心田，在潜移默化中带给他们语言的熏陶与感染，帮助他们积累语言，生长语言，因此，我经常抽出时间让孩子们欣赏他们自编的作品"。例如：我班的张欣怡、吴昕玥小朋友是第一个制作绘本书的，题目是《种子精灵日记》，我利用阅读课用实物投影仪一页一页展示了作品，并让两位孩子在班上绘声绘色地讲了自编的故事，孩子们兴奋极了，这堂课在许多孩子的心中播下了制作绘本的种子。第二天，我就收到了好多份制作挺精美的绘本写话作业，这些作品中饱含了孩子们对绘本写话的喜爱之情和渴望得到大家赞赏的心愿。在欣赏、评价、对话中，孩子们综合语文素养得到了提升。

从人类的发展史上看，图画语言要早于文字语言，它比文字符号更加直观，更符合儿童形象性思维的特点，它对孩子的视觉震撼比知识效果更为直接。在绘本写话时，需要孩子们拥有一颗敏感的心灵、一双善于观察的眼睛；用手中的文字、线条、色彩，以图画为主，借助丰富的图画，再现眼中的世界；用自己独特的理解和表达方式，带我们进入文学天地，一起赏析美术作品的独特之处。在写写画画中，刺激孩子丰富的想象力，用绘画的灵性感染写作，用写作的素养带动绘画，让每位孩子爱上写作。整个过程，不仅培养了孩子逻辑思考、预测推理能力，还不断提升听、说、读、写的语文素养，让学生在欣赏美、感受美、培养美的同时，陶冶情操促进了多元智能的发展。

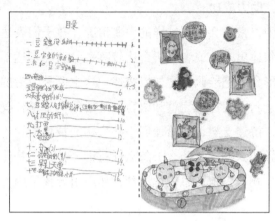

图4-3

《春天来了》单元教材统整指导策略

在多年的教学实践中，笔者通过梳理语文课程标准的各年段学习要求，统整各类语文教学资源，尝试跨学科、跨领域的主题式语文综合学习。发现这样的学习不仅没有削弱语文学习质量，还拓宽了学生语文实践的场所，培养了学生运用语文的能力，激发了他们自主探究学习的兴趣和潜力。接下来，笔者结合案例，谈谈自己是如何开发与利用语文课程资源，运用课程统整的基本策略，形成各种读写链，帮助学生愉快、轻松地完成写作任务的，提升语文素养。

一、构建以教材为主的课程统整模式，形成主题单元式的读写链

叶圣陶先生就说过："语文教材无非是例子，凭这个例子要使学生能够举一反三，练成阅读和作文的熟练技能……"在执教三年级第二学期语文时，笔者发现不同学科对春天这个季节背景都有所涉及，在课程标准的"情感态度价值观"中都提及到了"激发学生热爱春天的思想感情"。作为语文老师，笔者不禁有了一个想法，跨学科、跨领域地开展主题学习，或许能让学生的知识链更完整。于是，笔者开展了《春天来了》单元主题的设计。

1. 立足课标，实现教材统整

笔者立足本学科，根据语文课程标准中对三年级学生阅读与写作提出的学习要求，明确了《春天来了》这个写作内容的教学目标，确立了以教科书为主，统整各类语文课程资源的设计思路——根据课程标准、学校的培养目标和学生实际，进行教材重组，实现三个统整：单元教材资源和课外补充资源的统整；学生已有学习经验和探寻新知方法的统整；将学生的个体活动体验与写作指导之间的统整。这样的统整能做到减负增效，学生学习更具有趣味性，能更

好地完成教学目标。

2. 设计内容，适当调整目标

第二步，理清思路后，设计学习板块。笔者将该单元的教学任务分成"引导寻春""自主探春""分享赞春""用心绘春"四大板块来完成。在各版块学习中，老师通过指导学生从不同角度观察事物的方法，引导学生去自主探究春天，在交流反馈中激发学习的兴趣，最终达到分层落实写作要求的目的。这些学习版块以浓浓的生活气息，让学生耳熟能详，兴趣高涨，以教材为根拓展开一个个精彩奇妙的世界，深受学生的喜爱。但如何将学生的喜爱之情转变为对语文听、说、读、写的学习过程，真正转化为学生的语文素养，却是件棘手的事。经过一番思考，笔者在统整中，又适当调整了教学内容和单元目标，进一步明确了各版块的功能，突出重点，以指导学生观察生活中的春天、阅读作者笔下的春天，借助教材中的写作元素，开发与利用与教材内容相关的，对学生积累生活经验和文本经验有意义的各类语文资源为主，让学生在不同的学习经历中，主动快乐地探究语文的学习方法，不断提高语文素养。

例如：在"引导寻春"板块，笔者通过引导学生阅读教材中的单元目录及单元导语，明确第一个学习目标为——从课文入手，观察春天要选取具有代表性的景物，可以从不同角度，采用各种方式多角度全面观察事物。在阅读欣赏中让学生明白寻春不一定要在生活中，也可以通过阅读优美的作品来体验春天的魅力。引导学生尝试做些简单的摘抄，这不仅便于他们收集和整理写作素材，还能培养孩子"不动笔墨不读书"的良好阅读习惯。通过优秀的文学作品的拓展阅读，让学生认识不同的文学表达形式，领略中华语言文字的博大精深，激发他们热爱文学、亲近文学的美好愿望。

二、运用以探究为主的自主学习模式，形成体验自悟式的读写链

苏霍姆林斯基指出："在人的心灵深处，都有一种根深蒂固的需要，就是希望自己是一个发现者、研究者、探索者，而在儿童的世界中，这种需要特别强烈。"只有将课上习得的方法加以体验，才能获得多角度地观察生活、感受生活的经历，久而久之积累成为一种语文的素养。

1. 延展课堂，自主探究学习

在"自主探春"板块，笔者让孩子们明确了第二个学习目标为——在自

主、合作、探究性学习中，走出课堂，多角度地观察生活、感受生活、寻找春天的足迹，并用各种形式记录下来。笔者通过指导学生观察校园景物，教会他们选取具有代表性的景物，从观察时间、地点和角度等方面，用简单的语句填写在学习单内。接着让学生运用所学方法，在春游、读书节、小队活动的时候，去探寻并记录春天的影子。在自主、合作、探寻春天的过程中，孩子们有了更多个性化学习的时间和空间，他们在探究活动中找到了文学作品在生活中的影子，对春天的独特感受通过一份份个性化的作品记录了下来。当孩子寻春满载而归时，都会产生一种强烈的倾吐欲望，于是水到渠成地进入了"分享赞春"版块。

2. 拓宽渠道，丰富学习经历

笔者整合学校读书节系列活动，通过评选古诗美文"记诵小达人"的活动，让爱好朗诵的同学一展身手。在教室和年级组的开放图书架上张贴优秀的作业，那一首首配以美丽画面的古诗，那一张张自行拍摄或收集的照片，那一份份亲手摘抄的读书小报……就像是海滩上的贝壳，散落在孩子们的身边；从学生的交流中，无论是参加快乐的雏鹰假日小队活动、清明节去参观日军登陆处，聆听过去的故事，还是结合读书节活动和伙伴们一起逛书店、做摘抄等，丰富的活动体验为给孩子打开了一扇扇学习的大门，使他们感受到生活处处皆语文。一道道欣赏的目光，一阵阵"啧啧"的赞美声，让点评者感到新奇、有趣，让小作者品尝到学习的甜蜜。伙伴间的点评，不仅提高了学生言语的表达能力，加深了对春天事物的了解，还营造了浓浓的探究学习氛围，让孩子感受到学习语文的快乐！

三、尝试以写段为主的创作推进模式，形成螺旋上升式的读写链

知识和智慧是两个不同层次的概念。知识是模仿；智慧是创造。知识是被动的接纳；智慧是主动的渗透。知识是把书本和表象摄入底片的照相机；智慧是洞悉穿刺事物本质和内核的透视仪。通过前三板块的学习，学生积累了一些写作内容和表达方式，但是对于三年级学生而言，真正让孩子写一段完整通顺的话还很难。如何让春天从舌尖走进文本，是笔者第四板块"用心绘春"要解决的问题，这个过程分三步来完成。

1. 仿写课文片段

首先教学《啊汤圆》和《小草》这两篇的状物的文章，让学生在模仿文中描写"汤圆"的方法，选择一个事物将它写清楚；再引导学生模仿文中描写"小草"时运用的修辞方法，将刚才简单介绍的事物写具体。接着教学《放风筝的小男孩》和《荒芜的花园》这两篇写人的文章，让学生先模仿《放风筝的小男孩》的个体写法，用一连串动词，将自己先前种小苗或种子的过程完整地记录下来。再学习《荒芜的花园》中人物群像的描写片段，让孩子运用前面的方法，选择群像中的某一个人，进行扩写练习，教学重点（见表4-4）。

表4-4

写作对象		范例	方法	自主创编
物	汤圆	见课文P4—5中的相关语句	按照"形、色、味、感受"的顺序仿写	写清楚（白描）
	小草	见课文P17中的相关语句	学习用叠词和比喻、拟人的句子把小草写具体些生动	写具体（修辞方法指导）
人	《放》小男孩	见课文P11中的相关语句	尝试用文中的动词，写一段自己种植一棵植物或种子的经过	写完整（关注事物的整体）
	《荒》游人们	见课文P13中的相关语句	尝试用扩写的方式，把文中小孩、青年人、老人在花园里游玩的样子写具体	群像描写（迁移综合运用）

2. 梳理写作素材

叶圣陶先生曾这样讲过"语文学习，都要经过不断练习，锲而不舍，养成习惯，才能变成他们自己的东西。"因此，我们不仅要教会学生收集资料，还要教他们整理和使用资料，尝试围绕一个主题，有取舍地灵活使用自己收集的素材。（见表4-5）引导学生按照学习单，将自己观察、寻找、收集到的资料，按照植物、动物、人物和其他四类，进行归类整理，选取自己最感兴趣或最了解的内容进行写作素材的删选。

表4-5

观察对象		观察时间	观察地点	观察点					
				形	色	味	质地	特点	习性
植物	1								
	2								
动物	1								
	2								
人物	1								
	2								
其他	1								
	2								

3. 尝试独立写作

前面仿写课文片段，梳理写作素材，帮助学生积累了许多的好词、好句、好段和表达方式，让学生感到有话可写，有话会表，丰富多彩的体验活动，形象具体的文本范式，随之带来的是孩子们思维的活跃，思想的开放，观点的创新，这对于刚开始学习写作的三年级学生来说尤其重要，让学生的想象力在改编、续编、创编中发挥出来，并以此让他们产生浓厚的写作兴趣，使他们"眼看，耳听，口读，手写，心想"合为一体，在不断地吸取知识营养的同时，通过写作片段练习满足他们倾吐的欲望，提升语言文字的运用能力，提高语文素养，让他们爱上写作。请看学生的作品。

习作一：寻找春天

周××

冬爷爷带走了无味的白糖，春姑娘带着她那神奇的画笔，来到了我们的身边。

我来到了公园，寻找春天。我先走到河边，看见几只鸭子正"嘎嘎嘎"地叫着。这让我想起了"竹外桃花三两枝，春江水暖鸭先知"这句诗。

接着，我又走到了黄绿交错的草坪上。顿时，一阵泥土的芳香沁入了我的心里。我感到脚底下松松的、软软的，舒服极了。忽然，我看见每根草上好似放着几颗七彩珍珠，我俯下身子去仔细观看，原来是那颗颗露珠点缀在叶尖上，晶莹剔透，在阳光的照耀下，更显出了它那奇异光彩。我起身望去，看见树上条条发青的树枝上有斑斑红色，是红色的露珠？还是未落的果实？不，都不是，而是那一个个含苞欲放的桃花花蕾。你看，那花尖儿已经裂开一道缝儿，一丝花蕊正使劲儿往外钻呢，好似要迫不及待地看看这个大千世界。看着这生机勃勃的景象，我忍不住和朋友们高兴地玩儿起了游戏。这时，我发现伙伴们都脱去了厚厚的冬装，换上了五颜六色的春装。

春天真美好啊！

习作三：春姑娘来了

吴××

滴滴答答，一场如烟、如雾的春雨从天而降。春姑娘听到雨的鼓声，醒来了，揉了揉惺忪的眼睛，翩翩而来。

春姑娘在碧蓝的小河上跳舞，小河发出潺潺的音乐伴奏，用粼粼水波欢迎春姑娘，小鱼儿也来观赏舞会。河边的柳树摆动着柔软的腰肢，吐出翠绿的枝条，随风飘荡。春姑娘又来到一旁的桃树边，她像个含羞的小姑娘，露出粉红的脸蛋。

春姑娘又飞到花园里，抱着杜鹃花花枝，摇啊摇，花朵被逗笑了。迎春花眨了眨眼，悄悄地扒开被子，向春姑娘问好，迎春花露出金黄金黄的笑脸，小巧玲珑，真可爱。小草探出头，乐得脸都绿了，为它有第二次生命而感到高兴。

春姑娘来到田野上，一群呢喃的燕子飞回来了，似乎在给人们报春。她让绿油油的麦挺着腰，让金灿灿油菜花开放。青蛙顶着肚子："呱呱呱，早起的青蛙有虫吃！"一旁的木棉树兴奋极了，绽开了大红的笑脸，竹笋也钻出土地，放叶透青。

啊！春天来了！我爱这幅美丽的画卷！

细读上面这两篇习作，大家很快发现文中的许多词句和语段都来源于先前他们学习中对课外阅读作品的积累，例如，叠词、象声词、古诗、比喻句等；有阅读理解后的仿写：例如用一连串的动词描叙一个场景等；有综合实践活动后自身的体会等。像上面这样的例文篇数占班级总人数的三分之一，全班43位学生都能按照预定目标完成一篇层次清晰，内容完整，语句通顺的习作。学生的作品有力地证明了统整语文教学资源，重组教学内容，将语文学习融入到学生生活中，有机地将"听、说、读、写"组合在一起，在阅读中训练表达，在表达中训练写作，将课内学习和课外积累运用有机组合起来，成效显著。它真正做到了——多体验少说教，多精炼少讲析，扬个性促效益，让学生对春天的赞美由舌尖走向了文本，由文本走向内心深处。

四、调整以内容为主的课时统整模式，形成系统模块式的读写链

而统整语文资源，实现单元主题式学习的可操作性，需要系统地规划。这些课文的教学目标，笔者在实施时，都进行了重新设定，既要突显语文学科特点，做到一课一得，又要将写作教学元素作为教学重点进行推进，真正做到在阅读中关注表达。

也许有老师会提出异议："按照原先那种每篇课文一课时完成，有时还要因为节假日等事情要冲掉课时，现在又要加入这么多学生自主体验的内容，时间不够是必然的，要完成预期目标，势必要加班加点，增加了学生的学习负担怎么办？"对此困惑，笔者也意识到了，因此在积极主动地寻求课程资源的同时，还合理有效地调整了教学重难点，按照"精读2课时、泛读1课时、自读0.5课时"三种课型重新安排课时（见表4-6），从右边的"统整后课时"来看，这样的设计非但没有超课时量，增加老师和学生的负担，还比原计划节省两课时，多了两课时的作文点评时间。这样既解决了很多老师面临的课文多，课时少，上课来不及的问题，又解决了写作教学没有固定课时的烦恼。更重要的是这样的设计注重了学法指导和教材中写作元素的运用，使之能更好地为学生语文综合素养提升服务。

表4-6

原来教学内容安排	原来课时	统整后教学内容安排	统整后课时	
《春的消息》	1	《春的消息》（精读）	2	
《啊，汤圆》	1	《春天的小雨滴滴滴》（精读）	2	
《春天的小雨滴滴滴》	1	《咏柳》《春日》《惠崇江晓景二首》《春夜喜雨》《绝句四首》《江畔步寻花》（杜甫）	3	古诗吟诵
				诗配画
				对比品祈

续 表

原来教学内容安排	原来课时	统整后教学内容安排	统整后课时	
《放风筝》	1	小队活动、春游、读书节等（整合德育活动）	0	
《荒芜的花园》	1	记录种植种子生长过程（整合《自然》学科）	0	
《综合练习》1	1	《综合练习》1《风筝》（泛读）《荒芜的花园》（泛读）《啊，汤圆》（自读）	3（写作方法例举指导仿写）	
《咏柳》《春日》《春夜》《惠崇春江晓景二首》《绝句四首·其三》、《江畔独步寻花·其六》	1+5			
作文《春天来了》	0	语文综合实践活动，作文《春天来了》	4	写作指导
语文综合实践活动	5			作业展示并点评
合计	17	合计	15	

　　纵观《春天来了》主题单元的整个语文学习过程和学生的学习状况，我们不难发现：它更注重让学生自主探寻是学生"阅读——体验——记录——交流——提取——运用——（长效）记忆"螺旋式上升式的学习过程。合理地统整各类语文学习资源，使教学的内容由"封闭"走向"开放"；合理地改变各类教学形式，使教学的手段，由"单调"变为"丰富"；有机地统整各类学习方式，使学生的学习态度，由"被动"变为"主动"；统整各类评价方式，由"单一"走向"多元"。它不仅在合作探究学习中，培养了学生自主探究，合作分享，取长补短的习惯；还激发了学生的学习兴趣，快速地提高了他们的语文表达能力，阅读理解能力和写作能力。

《跳水》表现性导学单指导策略

一、教学分析

《跳水》是根据列夫·托尔斯泰的作品改编的。讲述了发生在一艘外国帆船上发生的事，全文通过猴子逗孩子玩这条线索把故事逐渐推向高潮。一只猴子把船长儿子戴的帽子挂到了桅杆顶端最高的横木一头，孩子为了追回帽子，走上横木，在万分危急的时刻，船长急中生智，命令儿子跳水，使孩子转危为安的故事。

根据本单元的训练重点指导学生学习继续练习复述课文，从复述段落到复述全文，可按提示提供的词语、提纲、写作线索详细复述。也可用抓住动词法复述；写作线索可按时间顺序、事情发展的先后顺序、地点转换顺序等。本节课着重理解课文中心段落的内容和理清人物之间的联系，例如：当孩子站在最高桅杆的横木上时，那种惊险作者是怎么来描写的呢？通过内容引导学生品味语言，进而感受列夫·托尔斯泰的写作魅力——在于刻画微观世界，感受他洞察人的内心的奥秘，细致地描写心理在外界影响下的嬗变过程。同时，引导学生按事情的起因、发展、高潮、结局指导复述课文，使学生在感受作者的写作特色中，受到教育，明白道理。

二、学情分析

进入四年级，对孩子的一个巨大挑战是：课文后没有生字词。虽然之前也有过课前预习、独立识字等的训练，但是乱写错别字，读音不准依然是这个年级的顽疾。因此课前，我们应当有所侧重，要交给学生自主预习的方法，让学生在自主阅读理解与积累过程中，培养学生能初步把握文章的主要内容，体会文章表达的思想感情，积累课文中的优美词语，精彩句段的习惯，养成课前预习的习惯。

本课语言生动，内容浅显易懂，学生对文章的内容会很感兴趣，但不易从曲折的故事情节中悟出深刻的道理。个别爱动脑筋的学生，可能在学完本课后，能悟出一些浅显的道理，但难以综合地分析出事物发展变化的条件、原因。因此在品析文本中，教师要有意识地根据情节的发展变化进行感情朗读指导，在读中想象感悟，读中探究思考，读中获得语感。读出文章的节奏美；读出自己的个性、气质；读出文章表达的思想感情；在读中获得情感的熏陶和个性化的阅读体验。同时，根据本文表达训练点多，可以结合本单元的训练重点——复述，引导学生进行各种方法的复述方法训练，进而引导学生理解在情况发生急剧变化时，凭借才、智、勇，果断采取摆脱困境的措施之妙，体会船长在紧急关头超人的胆略和智慧。

三、学习目标

1. 通过导学单，检查学生的自主识字能力，结合语境，帮助学生理解"取笑、放肆、哭笑不得"等词的意思，继续培养学生联系上下文理解词语的能力。

2. 引导学生正确、流利、有感情地朗读课文。抓住文中猴子的动作，孩子的心理变化，通过导学单梳理文本，指导学生尝试复述故事。

3. 通过导学单，抓住"只要……就……"或"即使……也……"等关键词，体会当时情况的危急。在质疑释疑中，体会船长在紧急关头超人的胆略和智慧。

四、设计思路

1. 教学目标的确定

第一目标是能在阅读过程中联系上下文理解"取笑、放肆、哭笑不得"的意思。确定的原因是根据《小学中高年段语文学科基于课程标准评价指南》（征求意见稿）四年级阅读阶段目标指出：能联系生活经验，运用注释、工具书和资料，理解词义、名义和课文的主要意思等相关要求进行制定。

第二目标是能正确、流利、有感情地朗读课文。抓住"只要……就……"

或"即使……也……"等关键词体会当时情况的危急，根据提示尝试复述故事。确定的原因是根据《评价指南》中阅读的要求：用普通话正确、流利、有感情地朗读课文；能集中注意力默读课文，边读边思；能按要求复述课文内容。

第三目标是根据《评价指南》阅读理解的学业评价成果，对文章主要人物作出评价的要求而定。通过借助表现性导学单，采用自主学习与小组研讨相结合的学习方式，体会文中船长的超人胆略和智慧。

2. 重点难点的确定

根据本单元的单元目标：继续练习复述课文。从复述段落到复述全文，可按提示提供的词语、提纲、写作线索等详细复述。所以确定本课的重点目标是能根据提示尝试复述故事。难点是通过导学单，在自主学习、小组研讨中体会船长在紧急关头超人的胆略和智慧。

3. 教学环节的设定

本课的教学环节根据作者写作特点，由整体到分述，分为四大版块进行设计：

（1）检查预习，出示课题。

基于课标中对阅读的要求：能联系生活实际，运用注释、工具书和资料尝试解决问题。因此，这一教学环节设定了检查预习和引出课题两个内容。检查预习主要是基于课标中对识字的要求：借助汉语拼音读准汉字字音，通过出示带拼音的词语自读校对，然后采用开火车读去拼音的词语，进行二次正音。做到准确读准难读易错词语。在介绍作者时出示课题，在学生简介列夫·托尔斯泰的时候，指导学生学会关注和运用课后注释的学习方法。

（2）初读课文，整体感知。

通过表现性导学单，明确自学要求，指导学生根据导学单自主学习，学会认真独立思考，积极交流方法。巡视学生自学情况及全班交流，指导尝试复述故事梗概三个教学内容。在指名交流过程中随机板书，帮助学生一起理清文章脉络，并引导学生根据板书尝试复述故事梗概。

（3）研读文本，体悟情感。

在上一环节借助导学单自学的基础上，本环节继续采用表现性导学单，以四人小组合作学习的方式，按照之前的"一读、二划、三圈、四说"的学法，在老师的指导下，全班交流完成表格第一栏，然后由扶到放，自主完成第二、

三、四栏表格填写，并要求学生加动作、表情，感情朗读重点片段，根据表格内容进行重点片段复述，在研读文本内容，品析词句，抓住重点词，说出自己的理解和感受。

指导学习第七自然段时，采用质疑解疑的方式，抓住40秒明明很短的时间，作者为什么说感觉很漫长这个矛盾体，引导学生体会当时情况的危急，并结合课后"阅读芳草地"中的两道思考性的题目，让学生在读文时讨论船长的办法在当时紧急的情况下是不是最好的办法？当时还有没有其他的搭救办法？旨在让学生充分思考后，理解船长营救方法的妙处，帮助学生提高思维能力，体会到船长做事的机智果断。同时培养学生抓住矛盾之处质疑，积极发表观点的学习能力。

（4）总结全文，梳理学法。

这一环节主要有总结全文、梳理学法、布置作业三个内容。运用课内学习的两种复述方法，尝试课外详细复述故事。

五、教学过程

教学环节	教师活动	学生活动	评价内容及要求
一、检查预习，出示课题	（一）检查预习：出示词语，集体校对（二）出示课题，引出作者	1.自由拼读，快速校对预习单 2.开火车读词语，二次正音 3.简单了解作者	1.准确读准难读易错词语 2.学会关注课后注释，简单了解列夫·托尔斯泰
二、初读课文，整体感知	（一）出示【导学单一】，明确自学要求（二）巡视学生自学情况，随机指导（三）全班交流自学情况，帮助学生梳理文本脉络，指导学生尝试复述故事梗概	（一）根据导学单，自主学习课文 1.自读课文，读准字音，读通句子 2.边读边思考：（1）故事里有哪些角色？（2）你能用一个字或词来说一说他们之间的关系吗？（3）想想故事主要讲了一件什么事？（二）个别交流反馈	1.指导学生根据导学单自主学习，学会认真独立思考，积极交流方法 2.利用板书理清文脉，尝试简要复述课文故事梗概

续 表

教学环节	教师活动	学生活动	评价内容及要求
三、研读文本，体悟情感	（一）出示【导学单二】，明确学习要求 1.读 2.划 3.圈 4.说 （二）全班交流反馈，总结学法 1.扶：引导学生完成表格第一栏，总结学法 2.出示【导学单三】由扶到放：小组研讨表格二、三、四栏 （1）重点指导学生理解"取笑""哭笑不得""放肆" （2）通过说话练习，进一步引导学生体悟人物的心理变化和当时的情境 3.根据表格提示，指导学生尝试复述课文片段 （三）抓关键词，体会孩子的危险 1.引读第5自然段 2.引导抓关键词体会孩子的危险 （四）在质疑释疑中体会父亲的机智	（一）根据导学单学习 1.快速默读1-5小节 2.用直线划出描写猴子的句子，用波浪线划出直接描写孩子心情的句子 3.圈出表示猴子动作的词 4.根据表格，说说猴子动作与孩子心情之间的联系 （二）全班交流 1.交流第一栏 （1）预设：钻来钻去模仿开心 （2）抓动词，谈感受，体会取笑 2.学会用一读二划三圈四说的方法，交流二、三、四栏 （1）第二栏 A预设：跳摘戴爬坐摘咬撕哭笑不得 B抓动词，重点理解"哭笑不得" （2）第三栏 A预设：不理撕气得脸都红了 B抓住"不理"展开想象 （3）第四栏 A预设： 钩挂坐扭做气极了 B抓动词，重点理解"放肆" 3.在朗读的基础上进行重点片段复述 （1）加动作、表情，感情朗读 （2）根据表格提示，进行重点片段复述 （三）在朗读中，抓关键词，体会孩子的危险处境 1.师生合作读第5小节	1.指导学生根据导学单小组学习，学会一读、二划、三圈、四说的学习方式，研读文本内容，品析词句，抓住重点词，说出自己的理解和感受 2.能根据表格提示，尝试重点片段的复述 3.学会抓住矛盾之处质疑。能积极发表意见，言之有理 4.在学生充分思考的基础上，理解船长营救方法的妙处，体会到船长做事的机智果断

续　表

教学环节	教师活动	学生活动	评价内容及要求
三、研读文本，体悟情感	出示：第七自然段 1.引导学生质疑 预设：40秒？ 预设：炮弹？ 2.船长营救办法妙在哪里？（抓住时间短、效果好，在当时情况下是唯一的方法讲） 3.拓展：还有没有其他的搭救办法？	2.抓住重点词语，个别交流自己的阅读体会，感受孩子的险境 （四）在质疑释疑中体会父亲的机智 1.对第七自然段质疑 2.全班释疑 3.分析船长营救方法的妙处 4.讨论除跳水外还有其他办法吗？	
四、总结全文，梳理学法	（一）总结全文 1.出示【导学单四】 2.梳理学法 （二）布置回家复述作业	根据学法指导，课外完成【导学单四】，尝试详细复述故事	运用课内学习的两种复述方法，尝试课外详细复述故事

六、教学反思

小学语文新课标中明确指出:语文教学要增强学生的学习体验，丰富学习经历，让学生参与和体验知识产生的整个过程，其实这也对教师提出了更高的要求，过程与结果是课堂教学的两翼，让学生体验知识的产生过程，是为了更好地达到预期的结果，而要达成预期结果，就必须要进行精心的预设。我考虑到四年级已经步入小学的高年级，语文教学不能仅仅停留在表面层次上，而要引导学生深入思考，懂得自读、自悟、自得，在本节课上，学生充分展示了内在的潜力，乐学、乐问，在启发点拨之中，多数孩子在真正的思考中获得了自己的感悟。因此，在教学《跳水》这篇课文时，我以表现性学习理念为指导，积极倡导了"自主、合作、探究"的学习模式，通过一读、二划、三圈、四说等手段，搭建各类展示自我观点的环节，充分发展学生的个性，激发他们的倾吐和表现欲望。

（一）准确确定能力目标

要想让学生真正学会如何理解一篇课文，老师必须要有意识地培养学生的语文学习能力，搭建平台让学生在自主探究中，感悟理解课文内容和它所要表达的思想感情，在反馈交流中，训练他们的言语运用和概括总结能力。因此，我们必须要在目标设定时考虑到每一个环节所咬重点训练的能力目标是什么，然后再具体思考要完成这个目标我要怎么做，最后要达成什么效果。当你把这些思路理清楚了，教学环节中的作业的设计内容也就明朗了，教学过程自然也就突出了重难点。本节课我要重点训练的能力目标：

第一个是检查课前预习，利用课前导学单，学生不仅复习巩固了本课易读错的生字，还在语境中，联系上下文理解了词语，提高了自身自主识字、记字、解词的能力，也为后续的阅读扫清了语言障碍，培养学生自主识字的能力。

第二个是在利用导学单，梯度落实复述任务。引导学生品味语言，感受列夫·托尔斯泰刻画微观世界、洞察人的内心的奥秘时，采用的细致描写心理在外界影响下的嬗变过程。让学生尝试用抓住关键词句的方法，简要复述故事梗概。

第三个就是指导学生运用"四步学习法"自主学习，学习抓重点词，联系上下文来品析课文，在读读、议议中，引导学生通过观看图片、圈划重点词句等方法，理解船长营救方法的妙处，体会到船长做事的机智果断。让学生通过各种形式的读（指名读、小组读、男女读、挑战读等）将自己对文本的理解充分表现出来。强调"在读中感悟，在读中记诵，在读中运用"，进一步加深学生对课文的理解，了解作者的写作思路和言语表达特点，锻炼他们对文学作品鉴赏和分析的能力。提高他们的口头表达能力。准确确定能力目标，让我们清楚地意识到要想学生对文本理解得彻底，光靠教师一句句的讲解是起不到多大效果的。

（二）作业设计的有效性

表选性作业设计对培养学生"敢表、乐表、善表"习惯起着至关重要的作用。例如：《跳水》一文的故事情节是相互联系的，是在变化中发生、发展、结束的。因此在教学中我创造性地运用学习单，独具匠心地结合单元训练重点，依据学情降低难度，解决复述难题。学习单的设计是螺旋上升的，评价目标是有层次的。导学单一解决的是通过对人物角色的梳理，理清文章的脉络，把握文章主要内容。导学单二引导学生总结方法圈圈画画，通过分析比较，体会孩子与猴子之间既是相互关联却又各具不同的表现，抓住动词以及孩子的情绪变化，关注文章描写的细节进行片段复述。而最后的导学单三是与作业相结合，活用所学方法，在理清脉络的基础上加上对人物动作、心情的关注，转述故事。这是较高层次的复述，因此前面的导学单内容就是精心为孩子们预设的梯子。导学单的梯度设计使学生更好地达成了目标。这样的设计，学生学以致用，不但加深对所学知识的理解，学会联系上下文理解词语和句子的意思，使朗读和概括能力得到了提高。还促进学生思维能力，说话能力的发展，还可以培养他们的书面表达能力，可谓有"一石四鸟"之效。

（三）课堂表现的主动性

教学中，启发学生积极思维，鼓励质疑问难，不仅能激发学生主动学习的兴趣，满足他们强烈的求知欲望，而且还培养了他们的探索精神和创新意识，提高他们的创新能力。本堂课，我通过设计难易程度不同的作业，让不同层次的学生都有回答问题表现自己的机会，真正让学生们敢于站起来回答问题。从课堂反馈来说，同学们在分析句子时，争先恐后，你一言我一语，各个像极了小专家，点评得头头是道。

例如：我利用导学单，抓住40秒明明很短的时间，作者为什么说感觉很漫长这个矛盾体，训练学生的质疑能力。在讨论，思考，争辩中，让学生充分质疑解疑，自己体会船长的机智、果敢。这个环节使学生变被动"机械接受"为主动探究思考，引导学生带着问题思考文本内涵，走进文本，融入文本。如此设计，让学生展开畅想，把所思所想表现出来，让学生在谈感情体会上，达到情动而辞发，润物细无声的境界，潜移默化地受到思想教育，达到了工具性和人文性的统一。

表现性学习能让学生获得成功的快乐，因此他们乐于把自己的感受和同伴进行分享。它真正实现了把课堂还给学生，学生是课堂的主人。

《牛郎织女》表现性思维导图指导策略

在知识经济浪潮席卷全球的今天，学校必须培养适应社会发展需要的下一代，让学生学会学习、学会表现、学会创新。从过去一味地求知转向能力的表现，倡导"学以表现"，这是适应国际课程与教学领域改革的趋势。阅读教学中，我们更应该为学生创建一个交流和互动的平台，让学生学会表达，学习说话，学会倾听，学会总结，让学生在交流与讨论中拓宽学生的认知空间，扩大深度和广度，引导学生向着更深层次探索。在执教统编教材五年级上册第三单元长课文《牛郎织女》时，我根据该单元的口语表达要求："能以故事中人物的口吻讲故事，能丰富情节和细节，把简略的地方讲具体，并能配上相应的动作和表情讲故事。"书面表达的要求"学习缩写故事的一般方法，能缩写民间故事，做到故事完整，情节连贯，语句通顺"；运用表现性学习方式，指导学生创造性复述牛郎织女的故事，了解民间故事的特点，感受阅读民间故事的快乐，在与大家分享课外阅读的成果时，激发学生阅读中外各类民间故事的兴趣。

一、"表现性学习"的内涵诠释

"表现性学习"，即"培养学生学会表现，并能表现自我"，是一种以尽可能地给每位学生提供适应其潜能开发和个性充分发展的教育条件和教育机会为基本任务，以培养学生基础素养与能力为基本要求，以学生主体发展为前提，以创新精神和实践能力为重点的一种素质教育；是在培养学生在社会化、个性化协调发展和合作与竞争中，发展他们"敢表、乐表、善表、表真、表善、表美"外显能力的一种新教育。

学习时，当学生的看法发生偏差时，我通过表现性学习方式，在学生意见不同时，通过激烈的讨论，明辨是非，达成共识。只有这样，我们才能真正打破传统的以教材为中心，以教为中心，一切以标准答案为中心的封闭教学理念。只有这样，才能真正解放学生的思想观念，让学生充分发挥想象和思维。这样课堂才能出现更多的"标新立异"，拥有更多不同的声音，碰撞出思维的火花，这样的阅读教学才是我们所追求的。

二、"表现性学习"的指导策略

1. 基于思维导图的显性阅读指导

《牛郎织女》是中国古代著名的汉族民间爱情故事，也是与《梁山伯与祝英台》《孟姜女哭长城》《白蛇传》齐名的我国四大民间传说之一，故事源于牵牛星、织女星的星名衍化而来。我先根据文本特点，执教了阅读推荐课，组织学生编制《牛郎织女阅读思维导图》（见图4-4）。接着，各学习小组根据自己组设计的思维导图既定目标进行学习，让学生明确整个阅读实践活动的学习要求和简单的阅读、表达方法。引导学生通过收集课外资料和自读课文，从不同角度了解这则民间故事。读后按照自己的喜好，选择性地完成一些任务。例如：收集与"牛郎织女"有关的成语、古诗词和故事，摘好词佳句等等。

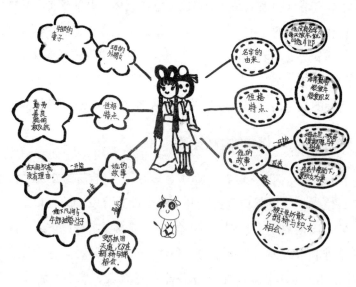

图4-4

2. 基于合作探究的实践活动指导

学生在通读《牛郎织女》后，大多数人对课文的主要内容、主题思想有了初步印象，知道文中写了传说古代王母娘娘的外孙女织女擅长织布，每天给天空织彩霞，她讨厌了这枯燥的生活，就偷偷下到凡间，私自嫁给牛郎，过上男耕女织的生活。此事惹怒了王母娘娘，把织女捉回天宫，责令他们分离，只允许他们每年的农历七月初七在鹊桥上相会一次。教师根据学生研究内容的喜好，帮助学生按照：定小组→明目标→分任务→议步骤→拟订阅读计划（包括小组人员的分工、探究基本过程、采用的阅读方式等）的基本步骤，开始进行自由合作阅读实践活动。在学生整个自主探究阅读内化的过程中，可以预习课文时邀请老师、家长等外援做帮手，指导或帮助学生查一些资料，归纳他们的初步探究结果；也可以组员间共同研究，并将成果个性呈现出来。例如：进行剧本表演；创作故事连环画；故事扩写等。

3. 基于个性学习的创意表达指导

在合作探究学习中，学生根据思维导图上的要求和自己的喜好，将摘抄积累的许多经典词句、语段；遇到有趣或疑惑的地方，通过上网或图书室查阅资料做进一步了解，并将自己搜集到的资料进行筛选、整合、处理后，发表在"晓黑板"的作业分享栏目中。初步建立《牛郎织女》阅读信息库，为个性作业的展示交流做好了充足的准备。

同时，教师根据学生上传资料的特点，进行分类指导，学生单项学习描写人物的方法，并且在学习这些方法的基础上练习片段写作指导。例如：根据故事的主要情节：①牛郎凄苦的身世；②牛郎用心照看老牛；③牛郎得老牛相助，与织女喜结良缘；④男耕女织，幸福生活；⑤织女被抓，天河两隔；⑥初心不改，七夕相会，这样的六个环节，引导学生给《牛郎织女》绘制成简约版（见图4-5）和创新版的连环画（见图4-6），为后面的作文《缩写故事》埋下伏笔，做好铺垫。教师首先利用简约版的连环画，引导学生将长课文的脉络理清楚，然后看图简要地把故事情节讲清楚，说明白。随后在品读教材《牛郎织女》的精彩片断中，体会作者的动作、语言、神态描写得准确、传神；再引导学生，根据创新版的连环画，结合书上的精彩语句和自己日常的生活积累，开展合理想象，把牛郎织女鹊桥相会的部分讲清楚，说具体，在阅读中关注作者的表达，在自己创造性地复述课文中，尝试学习将人物外貌、环境、对话等描写具体，将舌尖上的讲述变为纸上作文，以此来提升学生的语言表达和写作素养。

图4-5

图4-6

4. 基于成果展示的阅读评价指导

利用网络的快捷便利，引导学生体会民间故事续写的情味感、畅达感，培养学生的语感；在欣赏连环画的过程中，分析美术作品的分寸感、形象感，培养学生的美感。在"作品上传→佳作欣赏→多方点评→全班交流"的过程中，将学生整个阅读学习的过程都记录了下来，这对学生而言不仅是评价自身成长的一个教育过程；这种动态的、多元的、过程性的评价，还尊重了学生的思考和创新，接纳他们寻求个人理解和表达知识的方式，能比较客观地评价每位学生的学习成果，逐渐形成一种敢表、乐表、善表的学习氛围，在分享交流中，培养了学生与他人合作共读、交流分享、互助激励，共同进步的习惯，让孩子感受到：学习因意外的生成而变得更加美丽。

三、"表现性学习"的几点思考

在整个表现性学习过程中，每每看到同学们超乎想象，层出不穷的创新作品时，我被感动了。在交流与评价中，学生、教师、文本的思维碰撞，阅读的热情高涨，灵感频现，孩子们"百花齐放，百家争鸣"的个性化见解，让我明白了成功的评价应该是这样的：教师只是学习顾问，评价的目的不仅仅是判断对与错，善与恶，而是激发学生的学习兴趣和潜能。先前看似浪费时间的阅读体验过程，带给孩子的是一次难忘的阅读旅行，带着他们在走走停停中，巧妙地将预设与生成融合起来，现场捕捉瞬间的灵动，使孩子们发现了沿途的美丽风景。在整个评价过程中还要注意以下几个小窍门：

1. 角色互换，入境入情，引生"敢表"

一开始，学生放在网上的作品有很大的随意性，作品往往是根据自己的喜好来确定的。因此在评价学生作品时，要善于把握契机指导学生放作品时要有所取舍，可以放你的新发现，一篇打动你的片段等，让学生根据自己研究的主题有选择地放入一些作品，引导学生开始审视自己的作品。例如：谈到牛郎父母双亡，被哥哥嫂嫂欺负时，老师提问："如果你是牛郎会怎么做？"，引导学生结合现在的实际生活谈解决方法。结果跟帖的人很多，他们提出了许许多多新的做法，然后再让学生讨论："谁的办法好，当时牛郎为什么不用其他方法，而选择了带着老牛离开呢？"在激烈的网络口水战中，道理越辩越明，整个思辨过程让学生理解了民间故事"善有善报"这个特点；了解了当时的社会背景，为正确理解文本和文本中的人物性格和特征做了铺垫；同时，结合现代的法制教育知识，也让学生明白，当下我们应该如何为人处世，采用合适的方法解决问题。

2. 玩中品位，入文入心，让生"乐表"

我充分借助网络优势，创造便捷的展示环境，让学生在动手实践的过程中，设计"另一种视角""我的创意DIY"等表现性作业单，让学生根据作业提示自主确定探究目标，选择表现内容和方式，说说自己选择这类作品的理由，引导学生开始对自己的作品进行鉴赏，确立自己能力可以达到的学习目标，并协助学生设计恰当的学习活动和行之有效的学习方式，诱发学生的阅读内驱力，促进学生在阅读体验的过程中，个性得到张扬；在阅读实践中，体味阅读的价值，逐步培养学生的反思能力和独立性，当学生的学习积极性高涨，求知欲望在心中荡漾时，就有了倾吐和分享的欲望。

3. 层层递进，挑战自我，助生"善表"

兴趣是学习的先导，正是有了学生对文本的感悟，才会有网络上学生异彩纷呈的作品，活动瞬间的精彩表现，才会有那么多妙趣横生的创作灵感。但是学生这样的灵感和激情往往会昙花一现，需要老师不断地搭建更高的平台，帮助学生维持这份学习的求知欲和兴趣。当学生以学为乐欲罢不能时，老师应该尊重学生的思考和创新，接纳他们寻求个人理解和表达知识的方式，创设民主、平等、自主的情感氛围，形成敢表、乐表、善表的交流氛围，鼓励学生大胆表现，说出自己独特的观点，在交流互动的过程中，迸发出不同的思维火花，让意想不到的新问题和新答案带着学生走向新的阅读高地。

运用表现性学习指导策略指导《牛郎织女》这样的长课文，需要老师带着学生在走走停停中，巧妙地将预设与生成融合起来，现场捕捉瞬间的灵动，使孩子们发现了沿途的美丽风景。尝试中，我感受到了一堂好课，可以感化一颗心灵；一篇美文，可以影响人的一生；学生们因为爱才乐此不疲，因为爱才寻根溯源，因为爱才创意无穷。如何更好地运用表现性学习，在课内外启迪与交流中，使学生、教师、文本的思维碰撞，阅读的热情高涨，灵感频现？如何在不过多增加教师工作量的前提下，利用网络功能让孩子们"百花齐放，百家争鸣"地发表个性化见解？是我们不变的追求。

《又到茶叶飘香时》语文综合阅读活动策略

一、背景介绍

  《语文综合学习》是小学《九年制义务教育课本　拓展型课程教材》配套教材，其选材广泛，知识性、趣味性、实践性都很强，是训练学生创造性思维，培养创新能力的很好素材。本文中《又到茶叶飘香时》的教学内容是根据第六册教材中第五单元的内容设计的。本单元共有4篇课文组成，他们分别是《茶的故乡》《龙井茶的传说》《说茶》《一字至七字诗·茶》。教材介绍了我国是茶的故乡，茶的传说，茶叶的种类、喝茶的好处及中国茶诗，是一组知识性和趣味性很强的课文。课文把品茶是一种精神享受写得很吸引人，小小茶叶蕴含了如此深厚的文化，以茶养廉、以茶修德、以茶怡情的茶文化，为学生打开了茶世界的大门，让学生叹为观止，为学生探究茶叶、理解茶文化奠定了基础。我根据新课标规定的语文课堂教学的三维教学目标和第五单元的教学内容，结合三年级学生的学习能力和心理特点，将强化语言文字训练，让学生在进行语言交际训练时以茶怡情，作为本次语文课外阅读综合实践活动课的主线。语文综合实践活动教学以培养学生发现问题、提出问题、解决问题的能力和勇于实践、敢于创新的精神为基本目标。因此，在为期两周的自主探究学习中，我让学生按照自己的兴趣爱好自由组合成合作小组，交流自己在阅读中的感受，以此来增强学生的参与、探究意识，在感受茶文化的同时养成善于交流、乐于合作的品质。

二、案例描述

【案例片段一】

1.五官体验，激趣导入

（1）教师出示各种口感好的茶，让学生品尝。（课件出示"茶"）"茶"字由什么组成？"人"在草字头之下，木字底之上，意思是人在草木间，谁能不喝茶？今天，就让我们来说一说茶。

（2）观赏几段精彩的茶艺表演的录像。思考：刚才的录像片段，从哪些方面说茶的？指名说随机板书（种类、好处、泡茶方法、茶诗）。

2.自主探究，重点感悟

（1）想进一步了解这四方面的知识吗？请你静下心来读读第五单元的课文，根据"种类、好处、泡茶方法、茶诗"这几方面，边读边画出自己喜欢的好词好句，读完了想一想你读懂了什么？

（2）学生选择学习，教师巡视点拨。

（3）小组合作，互相交流：

点评： 我根据三年级学生的年龄特点，让学生品尝一些口感好的茶，同时搜集一些精彩的茶艺表演的录像组织学生观看。让学生在五官的体验中，激发探究茶文化的兴趣。再让学生静下心来阅读本单元的例文，一边读一边画出自己喜欢的好词好句，学生在充分自主阅读实践过程感受到中国茶文化的博大精深。

【案例片段二】

茶与咖啡、可可被称为世界三大饮料。通过学习课文中的四篇作品，我们对茶文化有了一定的了解，回家后大家以合作小组为单位，共同搜集课外阅读有关茶资料，通过读后感、一幅想象画、一篇文章、一首诗、一组照片、一份电脑小报、泡一壶茶、绘制一张统计表等等各种形式呈现你的学习成果，在下次的语文课上交流。

按照合作学习小组，讨论决定研究的主题，进行课外探究活动。

点评： 示范性地统筹安排各小组的工作，布置为期一周的长作业，合作组内学生共同确立研究对象，罗列所要研究对象的各个方面，开始合作探究学习，培养了学生探究学习的能力和合作意识。

【案例片段三】交流汇报学习成果

第一组：（图表展示各类茶叶的特点）

大家好！我们组调查的是茶的种类及特点（图表略）。通过列表式调查的方法，我们知道了我国是最早懂得饮茶的民族。中国是茶的故乡，制茶，饮茶已有几千年历史，名品荟萃，主要品种有绿茶，红茶，乌龙茶，花茶，白茶，黑茶等几大类，茶有健身、治疾之药物疗效，又赋欣赏情趣，可陶冶情操。不同地区，不同民族的饮茶方法和习惯各不相同。南方人爱喝绿茶，北方人爱喝花茶，藏族人爱喝酥油茶，蒙古族人爱喝奶茶，瑶族、壮族、侗族人爱喝打油茶，土家族爱喝擂茶等等。

第二组：（讲故事）

我们调查的是我国有哪些名茶和动人的传说？早在唐代，茶圣陆羽就写了一本著名的书叫《茶经》。书中对唐朝出产的名茶进行了评价。茶叶的名字很多，排它个上千种是不成问题的，真正可以说是眼花缭乱。大致茶叶的命名有以下七类……我们从网上知道了中国的十大名茶和关于它们的传说（故事略）。

第三组代表：（茶艺表演）

我们研究的题目是"怎样品茶？饮茶有什么益处？"通过调查，我们知道品茶的时候要观其形、闻其香、看其色、尝其味……早在唐代，就出现了"茶道"一词……现今不少人误认为茶道出自日本，其实是错误的，我国才是茶道的发源地……请看，我们的茶艺表演（解说词略）。

第四组代表：（诗歌吟诵）

通过调查，我们许多文人志士因饮茶而激发灵感创造出的诗、词、曲数以千计，在茶诗、茶词中，各种诗词体裁一应俱全，有五古、七古；有五律、七律、排律；有五绝、六绝、七绝，还有不少在诗海中所见甚少的体裁，在茶诗中同样可以找到。例如：寓言诗、宝塔诗、回文诗、联句诗、唱和诗。这些诗不仅样子奇特，而且对茶的史料，茶乡风情，茶农疾苦，直至茶具和煮茶都有具体的描述，让我们一起来吟诵这些诗吧（资料略）。

点评：让学生以小组为单位，交流自己的研究成果，要求学生不但要把研究结果用各种各样的形式展示出来，而且还要把自己小组怎样完成任务的过程用简洁概括的话讲清楚。让学生在交流学习中增进友谊，开拓视野，学会更多的学习方法。激发全体学生继续研究茶文化的兴趣。

三、案例反思

苏霍姆林斯基指出："在人的心灵深处，都有一种根深蒂固的需要，就是希望自己是一个发现者、研究者、探索者，而在儿童的世界中，这种需要特别强烈。"因此，在进行语文课外阅读综合实践活动课时，我大胆放手，让学生自己设计学习成果的展示方式，并且要解释自己研究的过程，充分培养了学生的主体性和创造性，亲身体验的方式，让学生受语文学习的快乐。

1. 实践探究，夯实了自学能力

在本单元两节课的教学中，我尊重学生的感受、体验和理解，用合作的学习方式，达到学科的融合，作业的设计丰富多彩，留下足够的空间让学生张扬个性，多元化的作业呈现形式，激发了学生的兴趣。在小组合作探究的过程中，他们集思广益，不仅加深了对知识的掌握，而且获得了较多的创造性设想，在搜集大量的课外知识的同时，不仅灵活地运用了课堂上学习的阅读、收集、删选、整理资料的方法，还将课内不明白的知识点进行了诠释，提高了自主探究能力。

2. 合作交流，培养了合作精神

让不同层次、不同性格的学生合作学习，从中体验到成功的喜悦，发挥每位学生的长处，让他们感受到自身的价值。如：引导学生自主探究这一环节中，我采用选择性学习，让学生先重点研读自己感兴趣的内容，再找小伙伴交流，在互动交流中，学生不仅尽情地发表了自己的见解，还从小伙伴那里获得更多自己没有读出的信息，在取长补短中，充分地读文本、充分感受中国茶文化的博大精深，激发了学习兴趣，培养了合作精神。

3. 课外探究，点燃了创造火花

根据三年级学生的心理特征，我以情境激趣，紧紧围绕"识茶、品茶、赏茶、研茶"这四个环节，为学生兴趣盎然探究中国的茶文化奠定基础。在第一课时，将由课文内容派生出来的研究问题细分，以合作小组的形式进行研究，让学生明白要了解一个事物应该从多角度去观察研究。在研究中，小组合作的组织形式让他们明白了团结力量大的道理。以问题项目作为学生的学习目标，提高了学生问题意识和自主探究的能力。明确的分工，增加了他们的责任意识，让他们始终以主人翁的态度对待自己的工作，为了寻找答案，他们有的苦思冥想，有的请教长辈和朋友，有的使用电脑……当探究成果得到老师同学赞扬时，他们欣喜若狂，成功的喜悦洋溢在脸上。

4. 评价激励，储备了学习的潜能

我认为评价不仅要通过成果展示、交流、汇报或技能比赛总结性呈现，还应通过纪实性的过程评价来赞扬学习活动过程中的表现。例如：我把学生搜集、研究的各类关于茶文化的作品，陈列在教室内供全班同学参观同时，还让作者介绍自己组是如何完成作品的，评价的同学在点评伙伴作品时要提出自己的建议，在互动交流中，大家取长补短，不断改进，为创造更多个性化的作业储备经验。在最后一轮擂台赛时，因为有了前期介绍和评论的铺垫，这时让再来说茶、品茶、赞茶，学生如数家珍，兴味盎然，丰富的学习内容不仅激发了学生对知识的渴求，而且不同的学习方式为学生将来的自主学习储备了潜能。

以上是我在语文课外阅读综合实践活动的一些尝试。在适当的时间予以点拨，围绕一个主题让孩子多角度去探索课本以外的知识，不仅能培养他们多元化地观察事物的习惯，还能锻炼他们创造性地思考问题的能力。愿语文课外阅读综合实践活动，让儿童的智慧在耳旁、眼中、嘴边，指尖跳动。

《探秘西游》名著多元阅读指导策略

一、案例概述

　　《西游记》是一部神话小说，共一百回，主要写美猴王——孙悟空战胜妖魔保护唐僧去西天取经的故事。全书可分为三部分：第一部分（第1—7回），叙写孙悟空的历史，交代它被众猴拥立为王，得道成仙，大闹天宫，结果被如来佛降伏在五行山下；第二部分（第8—12回），写唐僧取经的缘起，包括如来佛造经，唐僧出世，魏征斩龙，唐太宗冥游，唐僧应诏出发取经；第三部分（第13—100回），写取经的经过，这是全书的主体，主要写孙悟空保护唐僧前往西天取经，途中战胜九九八十一难，终于完成任务。

　　在设计整个阅读方案时，我们有意识地引导学生更多地从文学写作角度来赏析《西游记》这本书（见图4-7）。

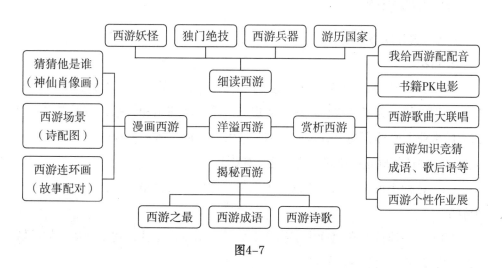

图4-7

以此引导学生了解有关西游知识，欣赏品味《西游记》的语言，多维度地了解西游人物形象的刻画，体会作家描写人物的各种写作手法，学会归类、整理、积累语言材料，丰富语言。提高文化涵养，提升语文素养。

二、活动背景

当今小学生阅读名著的现状不容乐观，很少学生能平心静气地去读完一部世界名著，这与语文新课标的要求相差太远。如何让学生"多读书、好读书、读好书、读整本的书"是摆在语文教师面前一个艰巨而重要的任务。针对上述现状，笔者开始尝试在四年级，组织学生进行为期一个月的《洋溢西游》课外阅读综合跨学科阅读活动。旨在引导学生自觉、自主地去阅读我国的四大古典名著，从中了解中华民族的历史以及文化底蕴，将中华民族的瑰宝成为孩子生命成长中的营养品。我们通过让学生读、讲、画、演等不同形式了解西游故事，学习有关西游知识，欣赏品味《西游记》的文学语言，多维度地了解西游人物形象，体会作家描写人物的各种写作手法，在创意阅读中尝试设计自己的个性化阅读成果汇报作业，使他们感受到成功的喜悦。在学习语言的同时，培养发展学生的表达能力，表演能力，收集整理信息的能力，文字鉴赏能力，评判文学人物的能力等，使学生在实际运用中感受语言的魅力，接受优秀文化的陶冶和熏陶，从而提升他们的语文综合素养。

三、活动过程

（一）制订读书方案

1. 目标

（1）通读全书，了解小说的主要内容，明确小说的主题思想，即《西游记》告诉人们：为了寻找、追求、实现一个美好的理想和目标，为了完成一项伟大的事业，必然会遇上或多或少的、或大或小的、各种各样的困难和挫折，必须去顽强地战胜这些困难，克服这些挫折。

（2）选择小说中自己喜欢的一个人物，把握他的性格特征，讲述他的一两个故事。

（3）学习速读，在速读中了解全书分三个部分，主要讲述了孙悟空战胜妖魔保护唐僧去西天取经的故事。

（4）了解全书目录，根据导学图，选择主题并开展主题性探究学习活动，参加网上评论。

2. 读书安排

分为五个阶段：策划阶段、通读阶段、赏析阶段、探究阶段、展评阶段。

（二）实施读书方案

1. 策划阶段

备课组提出读《西游记》的倡议，上一堂《西游记》阅前指导课。教学生阅读经典的方法和个性表达的设计思路，引导学生开始阅读《西游记》。

2. 通读阶段

（1）知识积累。根据自己的喜好，摘抄阅读中收集的词句，整合、处理用各种途径（例如上网、调查、访谈、电视等）搜集到的各种信息，建立读书信息库。将自己收集获得的信息，发表在"小荷才露尖尖角"的校园主题讨论博客上。

（2）阅读提示。同学们可以先读前言、目录和内容提要，对本书有一个初步了解。接着每天读两回左右，读后完成一些任务。例如：收集的与"西游"有关的成语、歇后语；摘好词佳句；选择自己喜欢的一个人物讲述他的故事；查阅交流一些的"西游"链接网页等。

3. 赏析阶段

（1）阅读指导。教师指导学生单项学习描写人物的方法，并且在学习这些方法的基础上练习写小片段，修改日常作文。如学习《孙悟空三打白骨精》片断，体会动作描写的准确、传神，练习动作描写；结合猪八戒和沙和尚两人出场时的场面和肖像描写，练习写人物的外貌和环境描写；学习《三借芭蕉扇》时的一组对话，练习根据不同人物的性格和身份写对话，在练习写的基础上，提升学生的语言和写作素养。

（2）思维积累。通读完后，组织学生开展一次西游故事会和一次读后感交流。引导学生浏览完全书后，要了解《西游记》的主要情节，可以通过仿写片断、做读书卡、做读书小报、写几句"阅读心语"、写阅读日记（可以是读后感，可以是改写故事）等。

4. 探究阶段

操作指导：

（1）定题（阅读选择）。

基本步骤为：分小组→定目标→分任务→议步骤。

帮助学生组成若干个自由合作探究阅读组，确定本组研究的目标。拟订探究计划，包括小组人员的分工、探究基本过程、探究的方式等。

（2）探究（阅读内化）。

按计划进行探究活动，可以邀请老师、家长等外援做帮手，指导或帮助学生查一些资料，归纳他们的初步探究结果。小组成员共同研究自己研究成果的个性呈现形式。例如：书法创作；进行剧本表演；创作漫画；故事续写，自己在探究过程中写一写探究的经历、探究的感受等。

5. 展评阶段

（1）基本环节。作品上传→佳作欣赏→多方点评→全班交流→年级评奖。

（2）评价目的。引导学生体会剧本和故事续写的情味感、畅达感，培养学生的语感；分析美术和书法作品的分寸感、形象感，培养学生的美感。

（3）汇报形式。

① 阅读小报。包括：妖怪故事、读后感、故事梗概等。

② 阅读书签。包括：西游妙语、歇后语、成语、绰号等。

③ 才艺表演。包括：给电影配音、课本剧、西游歌曲联唱、西游人物表情模仿秀等。

④ 演讲比赛。包括：我喜欢的一个角色（包括哪些改邪归正的人物）。

⑤ 西游画展。包括：自己设计的图画、收集的西游人物图、西游连环画等，在作品下面写几句自己的感言。

（4）评价类别。

① 团队综合奖：最佳策划奖；最佳合作奖；最佳创意奖；最佳作品奖。

② 个人单项奖：最佳创作奖；最佳书画奖；最佳表演奖；最佳配合奖；最多人气奖；最佳魅力奖；麻辣点评家。

四、活动效果与反思

通过广泛阅读《西游记》，扩大学生的阅读视野，感受不一样的人生境遇及处世方法，激发学生阅读古典名著的兴趣。在学生充分阅读古典名著《西游记》的基础上，熟知西游故事，汲取中国古典文学作品丰富优美的语言营养，最大的收获是学生在以下几方面得到了长足成长：

1. 阅读让人获得知识

《西游记》在艺术上的最大成就，是成功地创造了孙悟空、猪八戒等艺术形象。在学生阅读时，教师有意识地通过绘画等方法，将该书丰富奇特的艺术想象、生动曲折的故事情节，栩栩如生的人物形象，幽默诙谐的语言，让小学生通过直观的个性化方式表达出来，让孩子获得丰富的知识，体会文字的魅力。

2. 阅读让人辩证分析

阅读一本好书，正如同一位知识渊博的学者谈话，"他"的语言中无不闪烁智慧的火花，无不传达着高尚的修养，从一本书中学到的修养，提高的品格，远比在生活磨砺中体会得深刻，体会得彻底。教师通过设计形式多样的任务单（见附件），在培养学生收集资料处理材料能力的同时，学以致用，学会归类积累语言材料，丰富语言。在个性化的阅读，学会读书与思考相结合，读出自己的独特感受。引导学生通过评析人物，勇敢的过程中，引导孩子勇敢地提出自己的看法，发表自己的见解，发展学生的个性，在学习名著中刻画人物的手法中，迁移到平时的习作中，使人物更加活灵活现，性格更加鲜明，形象更加丰满。不仅提高了学生的口语表达能力和思辨能力，而且初步学会全面认识人物，客观地分析人物的能力。

3. 阅读让人明理导行

《西游记》除却本身引人入胜的情节外，还包含了许多道理和启示，比如唐僧盲目地接受别人的帮助，有时不听孙悟空的好心劝告，掉入妖怪的手中。这足够说明了遇到麻烦的事情要动脑筋，如果不动脑筋，听了别人不好的意见，反而会更糟糕。从唐僧身上我还知道了，要有明确的目标，并且坚定不移地执行下去。然而，师徒四人都有自己的长处和短处，我们要吸取他们的长处，如果自己也有他们的短处则要改正。在纵观书籍的过程中，学到许多为人处世的方法，帮助学生明辨是非，学会正确处理问题。

附件："洋溢西游"综合实践活动任务单

老师的话：

　　《西游记》是一部神话小说，共一百回，主要写美猴王——孙悟空战胜妖魔保护唐僧去西天取经的故事。在接下来的一个月中，请大家仔细阅读《西游记》，并根据老师的任务单，设计出最具个性的作品，与大家一起分享你的阅读收获吧！

任务单一：我会记

　　通过速读，了解全书，选择一个自己喜欢的故事，复述给自己的小伙伴听

故事名称	
内容简介	
人物介绍	

 评估单一：我会评

达标要求	五角星
能说出内容简介	☆☆☆☆☆
能说出主要人物的简介	☆☆☆☆☆
愿意把自己阅读获得的信息告诉伙伴	☆☆☆☆☆

任务单二：我创编

通过精读文本，了解全书，选择自己喜欢的表达方式，将自己的阅读发现分享给小伙伴，可以是一幅画，一首诗、一段表演等等

汇报形式	［阅读电脑小报］包括：妖怪故事、读后感、故事梗概等 ［阅读书签］包括：西游妙语、歇后语、成语、绰号等 ［才艺表演］包括：给电影配音、课本剧、西游歌曲联唱、西游人物表情模仿秀等 ［演讲比赛］包括：我喜欢的一个角色（包括哪些改邪归正的人物） ［西游画展］包括：自己设计的图画、收集的西游人物图、西游连环画等，在作品下面写几句自己的感言 ［其他类］：
作品设计简介	

评估单二：我会评

达标要求	五角星
能说出作品设计简介	☆☆☆☆☆
设计有创意	☆☆☆☆☆
设计有美感和艺术性	☆☆☆☆☆

  ### 我为你点赞

团队综合奖	最佳策划奖	最佳合作奖	最佳创意奖	最佳作品奖
个人单项奖	最佳创作奖	最佳书画奖	最佳表演奖	最佳配合奖
	最多人气奖	最佳魅力奖	麻辣点评家	其他类

马云霞、康锦嘉、朱阳炯、宋逸云、朱肖红、俞敏华曾共同参与此项目

《观察小达人训练营》语文跨学科
习作指导策略

一、设计思路

（一）分析课标、校情、学情

为了进一步落实中共中央、国务院对于深化新时代教育评价改革的要求，探索学校融合育人的经验，将校园活动纳入学科教育。我根据《上海市中小学语文课程标准（试行稿）》在"课程实施"部分："教师要通过对教学内容的结构化组织，加强学习领域、科目、模块或主题之间的整合，注意各章节或单元中教学之间的相互联系，帮助学生形成良好的认知结构。"的培养目标；以教育评价改革驱动教育高质量发展，激发学校的办学活力为核心；以本人的《基于小学语文核心素养的表现性评价研究》区级课题研究为抓手；对照国家课标中关于小学语文中高年级观察能力培养的目标，认真分析了校情——本校地处农村，生源约70%为外来务工子女，家长文化水平普遍偏低，家庭经济困难、学习环境和家庭教育欠佳的学生居多；外加三到五年级刚刚使用统编教材，五年级65%以上学生的知识储备和能力发展跟不上课标的要求，感到教材内容太难，学生学习能力普遍较弱，尤其是疫情之后，近半年的自由奔放的网上学习，孩子间的差异很大，有一定数量的学生无法达到课标要求，个别学生甚至出现了厌学，自暴自弃的现象。

基于以上原因，我根据三到五年级国家课标的写作要求（见表4-7），以观察训练为切入口，设计了《观察小达人》跨学科语文综合实践活动方案。

表4-7

一五年级写话要求一览表	
一年级上	1.能用已学会写的字和学过的词语写一到两句简单的句子 2.学习使用逗号、句号
一年级下	1.能用已会写的字和学过的词语写一到两句简单的句子，表达简单的想法 2.学习使用逗号、句号
二年级上	1.能用已会写的字和学过的词语写一到两句简单的句子，表达简单的想法。有写话的兴趣 2.学习使用逗号、句号、问号和感叹号
二年级下	1.能用已会写的字和学过的词语写一到两句连贯的句子，表达简单的想法。有写话的兴趣 2.学习使用逗号、句号、问号和感叹号
三年级上	1.学习观察生活，清楚地写出自己的所见所闻 2.学写观察作文、看图作文和想象作文，做到清楚、连贯 3.学习正确使用标点符号
三年级下	1.学习观察生活，学习清楚明白地写出自己的所见所闻，能展开合理的想象 2.学写简短的日记观察作文、看图作文和想象作文，做到有顺序、语句较通顺 3.学习正确使用标点符号
四年级上	1.注意观察生活，学习选择材料，学习清楚明白地写出自己的所见所闻，表达自己的真情实感 2.学写小故事、游戏、活动，学写观察日记、读书笔记、看图作文和想象作文，做到有顺序，语句较通顺 3.继续学习使用标点符号，逐步养成文必加点、边写边点的习惯
四年级下	1.注意观察生活，学习收集材料，学习选择材料，能清楚明白地写出自己的所见所闻，表达自己的真情实感
五年级上	1.注意观察生活，学习收集材料，学习选择材料，能清楚明白地写出自己的所见所闻，表达自己的真情实感 2.学写小故事、游戏、活动，学写观察日记、读书笔记和想象作文，做到有中心，有顺序，语句较通顺 3.继续学习使用标点符号，逐步养成文必加点、边写边点的习惯 4.学习修改作文
五年级下	1.注意观察生活中的事物，能写出自己感兴趣的生活内容；能根据一定的情景展开想象，用文字表述想象内容 2.激发写日记的兴趣。能写便条、通知、书信等常见的应用文 3.学习正确使用标点符号 4.一课时能写300字左右的片段或短文，做到有中心，有一定的内容，意思基本清楚，语句基本通顺 5.学习修改作文

旨在通过孩子们耳熟能详的达人赛游戏，将三到五年级各阶段的课标观察要求分解到三阶段"小小观察员"训练营中，进行梯度指导，补上之前短缺的知识点和能力，并有机地将学生日常的快乐活动日课程、学校俱乐部活动和各类体育竞技比赛作为孩子们的观察点，运用任务单的形式，引导孩子有目的、有方法、有计划地去观察自己的学校生活，为写作积累丰富多彩的素材，这样既满足了作文课课时不足的困境，又可以通过各阶段训练营的写作指导，帮助孩子们将自己的所见、所闻、所想有条理地记录下来，激发他们的学习兴趣和学习潜能。进而实现基于目标内容，优化教学策略，教师可以在引导学生关注学习经历的同时改进评价方式，在同步学，异步达标的过程中，落实教学基本要求，提高学生的语文综合素养。

（二）设定递进式目标激励兴趣

《语文课程标准》中规定：把"发展感受和理解的能力"作为小学教学的重点之一，我在研读课程标准及教学基本要求的基础上，结合五年级学生的认知水平，在教学训练目标的设定上分音乐、美术、体育三大板块，由易到难，有机地将部分学校快乐活动日课程、乡村少年宫科目和学校的体育竞赛活动，用游戏闯关和学习单的形式编入教学目标，整体设计了三个阶段《"小小观察员"训练营学习任务单》（目标见表4-8，具体内容详见附件一《"小小观察员"训练营综合实践活动任务单记录册》），梯度推进，让各个层次的学生能够在自身原有基础上前进一步，体验到成功的快乐，在互帮互助中，培养孩子们的合作意识，培养孩子在集体活动中关心他人，互相探讨，共同发展的集体主义精神，将学科育人的理念无痕地融入到教学实践过程中。

表4-8

学习进度	课标要求	教学目标
一级训练营	［三年级］ 1.能积极主动地参与课内外语言实践活动。在活动中学习，与人交流合作 2.能及时表达自己的想法和感受，表现自己的特长	1.以观察探究《炫动拉丁》和《沪曲乡音》校本课程秘密，指导学生根据《一级观察员的任务单》和达标要求，学习利用思维导图，寻找观察点和观察方法 2.在组长的带领下，根据自定的观察点，选择合适的观察方法，有目的地积累写作素材

续 表

学习进度	课标要求	教学目标
一级训练营	3.在集体活动中培养合作意识	3.在交流分享中，根据题目选择合适的素材进行组材谋篇 4.完成任务的同学，可以领到《二级观察员的任务单》晋级到第二阶段学习
二级训练营	[四年级] 1.能积极参加课内外的语言实践活动 2.能主动地参加收集资料，办小报、参加讨论会，辩论会，读书会，朗诵会，故事会等活动，在活动中与人交流合作，提高人际交往、口头表达和书面表达能力 3.能在集体活动中关心他人，互相探讨，培养合作意识	1.在上一阶段学习《炫动拉丁》和《沪曲乡音》的基础上，根据《二级观察员任务单》和达标要求，尝试按照兴趣参与小组设计《彩泥Diy》《简笔画童趣》和《红黄蓝》课程的观察思维导图，寻找合适的观察点和观察方法 2.在组长的带领下，根据自定的观察点，选择合适的观察方法，课外分工完成初次的观察任务 3.在全班交流分享观察结果中，进一步修改自己的观察思维导图和观察方法。并根据修改后的思维导图，尝试按照一定的顺序把某个操作过程介绍清楚并写下来 4.完成任务的同学可以领到《三级观察员的任务单》晋级到第三阶段学习
三级训练营	[五年级] 1.能主动参加课内外的语言实践活动 2.能主动参加收集资料，办报、出专栏，参加讨论会，读书会，朗诵会，故事会等活动，在活动中加强语言交际能力，能及时地表达自己的特长和语言才能 3.有合作意识，能在集体活动中关心他人，互相探讨，共同发展	1.在第一和第二阶段学习的基础上尝试独立设计《灌篮高手》《足球小将》《绳舞飞扬》《爱"拼"才会赢》《儿童学象棋》课程的观察思维导图，寻找合适的观察点和观察方法 2.在组长的带领下，根据自定的观察点，选择合适的观察方法，课外分工完成初次的观察任务，并在观察过程中重点关注人物的动作 3.在全班交流分享观察成果中，学习如何用一串动词把两个打篮球的运动员之间的交互过程说清楚 4.完成任务的同学可以领到《观察小达人的邀请函》可以参加年级组的"观察员达人赛"

学习进度	课标要求	教学目标
小小观察员达人赛	［前三关通过学生］ 1.能主动参加课内外的语言实践活动 2.能主动参加收集资料，办报、出专栏，参加讨论会、读书会、朗诵会、故事会等活动，在活动中加强语言交际能力，能及时地表达自己的特长和语言才能 3.有合作意识，能在集体活动中关心他人，互相探讨，共同发展	1.在第一、二、三阶段"小小观察员"训练营的学习基础上，交流分享自己的学习收获，形成观察资料库 2.以《一次篮球比赛》为例，学习设计写作思维导图并从观察资料库中选择最合适的写作素材，修改例文 3.根据不同的作文题目，选择合适的写作素材，设计写作思维导图 4.根据任务单和评价表的要求，评选"小小观察达人"，引导小达人在活动中关心他人，互相探讨，将自己学到的本领教给班内还没有达标的同学，争当年级组的"达人王"，力求做到全班"同步学，异步达标"最终能共同发展

（三）以目标为导向，尝试表现性评价

众所周知，观察练习是促成读写结合的有效策略与关键，但是观察教学的目标达成不是一蹴而就的。我在进行整个观察训练营活动设计时，重点关注了学生的学习经历。教学时，搭建出能帮助学生逐层递进的学习支架，从理解到实践运用，通过支架的桥梁设置，开展循序渐进的观察类片段式写作训练，引导学生在不断夯实写作基础的前提下，螺旋上升地提高写作能力。评价时，我们明确了《"小小观察员"训练营评价指标》采用表现性评价方法（评价要求见表4-9），激发学生的学习兴趣，充分发挥评价的激励作用，请学习基础好的孩子做示范，发挥他们语言上的示范性功能，帮助学习困难的孩子明白在关注些什么时，学会洞察生活，精心选择并收集素材，利用范文，指导学生明白写什么？怎么写？在片段式仿写练习中，达到读写间的初步迁移和交融。希望在四个阶段的学习过程中，学生的主体地位得到充分体现，教师的角色也由原先的主讲者成为提供学习支持与搭建释疑解惑的平台的助教，让每位孩子的个性得到释放，在体验到成功喜悦的同时，不再惧怕写作。

表4-9

评价内容	"小小观察员"训练营评价指标			
	一级训练营	二级训练营	三级训练营	小小达人赛
侧耳倾听	1.认真聆听老师和同学的讲话 2.边听边思，能理解别人的发言的意思	1.认真聆听老师的讲话 2.认真倾听同学的交流	1.认真聆听老师和同学的讲话 2.边听边思，能理解别人的发言的意思	1.认真聆听老师和同学的讲话 2.边听边思，能理解别人的发言的意思
火眼金睛	1.能根据要求仔细观察 2.能在观察中，找到需要的信息	1.细细观察 2.能在观察中比较快地找到需要的信息	1.能根据要求仔细观察 2.能在观察中，找到合适的信息	1.能根据要求仔细观察 2.能根据写作主题，在观察中，有意识地找到需要的信息
能说会道	1.积极举手发言，回答问题声音响亮 2.能围绕问题，表达自己的所见所闻	1.能积极、大方地交流 2.能把意思表达完整、清楚	1.积极举手发言，回答问题声音响亮 2.能围绕问题，表达自己的所见所闻	1.积极举手发言，回答问题声音响亮 2.能围绕题目，寻找例文中的问题，根据自己的观察，表达自己的所见所闻
妙笔生花	1.初步选择合适的素材 2.说出选材的理由	1.初步选择素材 2.能尝试整理素材	1.有记录关键信息的好习惯 2.能把观察过程比较完整地写出来	1.学习不同题目，选择最合适的写作素材 2.在整理素材时，编写写作思维导图 3.能把观察过程比较完整、具体地写出来
精诚合作	1.主动与组员们交流 2.合作探讨，梳理、组合素材	1.主动与组员们合作交流 2.合作探讨，修改思维导图	1.主动与组员们交流 2.伙伴互助，协作完成写作任务	1.主动与组员们交流。 2.合作探讨，修改例文 3.学习优秀学生帮助未达标学生

二、教学设计

《一级训练营》教学设计①

【活动目标】

1. 以观察探究《炫动拉丁》和《沪曲乡音》校本课程秘密，指导学生根据《一级观察员的任务单》和达标要求，学习利用思维导图，寻找观察点和观察方法。

2. 在组长的带领下，根据自定的观察点，选择合适的观察方法，有目的地积累写作素材。

3. 在交流分享中，根据题目选择合适的素材进行组材谋篇。

4. 完成任务的同学，可以领到《二级观察员的任务单》晋级到第二阶段学习。

【活动过程】

（一）一级训练营开课，明确晋级要求

1. 训练营开课仪式，揭示课题。

恭喜，现在你们已经是一级小小观察员了，如果你们完成张老师本节课的任务，就能顺利晋级为二级观察员啦！

2. 出示评价表，明确课堂评价要求

有没有信心？本节课张老师依旧会对你们小组进行评价，做得好☆，有待改正△，下课前表现最好的小组直接晋级，此外，小组长也要对组员进行评价，要做到"侧耳倾听"听清并理解老师和同学的讲话，要用"火眼金睛"仔细观察，找到需要的信息，要围绕问题，积极举手发言，争取做到"能说会道"，也要勤于动笔，实现"妙笔生花"，更要"精诚合作"与同伴共同进步，做到一项一颗星，小组长要及时记录组员表现哦！这一组听得最认真，我要给你们一颗星。

（二）根据习作题目，选择观察素材，明确选材要求

1. 出示拉丁社团视频，交流观察所得，明确素材范围。

上节课我们梳理完成了关于《炫动拉丁》的思维导图，刚刚也现场观摩了

---

① 主要设计者：钱圩小学　张凤

拉丁舞的社团活动。谁来说说自己的观察发现，你在哪里用什么方法知道了什么？

我们通过各种不同的观察方法，增加了对拉丁舞知识的理解，而在这一过程中，你的所见所闻，所知所感，都可以成为你的写作素材，真为你们感到高兴。

2. 小组合作根据所给题目选择合适的素材。

板贴题目：瞧，张老师现在出一个习作题目，请你们小组合作讨论这个习作要写什么？选择什么素材？为什么？讨论过程中要做到：积极讨论，相互合作。轮到我说：说清楚、说完整；同学在说：认真听、细思考。

讨论可真积极，给你们每组都加一颗星，哪一组来交流？你们选择哪些素材？为什么选择了这些素材？渗透审题。

说得最好，给你们一颗能说会道星。

3. 揭示选材要求，小组统计素材个数。

写人习作：《拉丁小明星》：服饰、妆容、动作、作品、舞种、音乐、形象、收获。

板贴：围绕中心我们写习作前，首先要审题，要会抓题眼，瞧瞧，小明星：着重描写拉丁舞者，是一篇写人的习作！统计一下，你们小组一共选对了几个？全对的小组都有一颗火眼金睛星。

除了以上这些素材，我们还可以写什么呢？提供空白板贴，一边交流，一边写，顺便板贴（年龄、外貌、身材等）。

（三）观察现场拉丁表演，进一步梳理素材

1. 观察现场拉丁表演，小组讨论分析所选素材的主次。

这么多可以写的素材，我们要有所选择，张老师知道我们班就有拉丁小明星，我们一起来看看他们的表演，边看边思考你们选择的哪些素材是主要的，要重点去写，哪些素材是次要的，可以略写，哪些素材一笔带过就可以呢？分别可以用☆、△和〇分别标记。

2. 指名回答，同伴补充，明确组合素材要分清主次，详略得当。

板书分三块，谁来交流，从一笔带过到次要，最后交流主要内容。

主要内容交流动作，可以给与空白板贴，当场写当场贴（伸手、向前走、甩头、扭腰、转圈等）。

你们可真厉害！做一名小小观察员，不仅要善于从不同的视角，全面地观察活动，还要梳理自己的所见所闻，所思所感，根据所给的习作题目，我们都能"围绕中心"选择写作素材，更要分清所选素材的主次，重要的素材详细写，次要的素材简单写，真正做到"详略得当"。

3. 小组统计课堂评价单，针对最佳小组及每组前三名颁发进入第二阶段学习的任务单。

（四）分层布置后一阶段学习任务

1. 没有晋级的学生，继续完成第一阶段的学习任务。

2. 晋级的学生，根据第二阶段社团海报，尝试按照课上指导的方法，自主设计思维导图和选择合适的观察的方法，探究美术板块的活动内容。

《二级训练营》教学设计[①]

【活动目标】

1. 在上一阶段学习《炫动拉丁》和《沪曲乡音》的基础上，根据《二级观察员任务单》和达标要求，尝试按照兴趣小组合作设计《彩泥Diy》《简笔画童趣》和《红黄蓝》课程的观察思维导图，寻找合适的观察点和观察方法。

2. 在组长的带领下，根据自定的观察点，选择合适的观察方法，课外分工完成初次的观察任务。

3. 在全班交流分享观察结果中，进一步修改自己的观察思维导图和观察方法。并根据修改后的思维导图，尝试按照一定的顺序把某个操作过程介绍清楚并写下来。

4. 完成任务的同学可以领到《三级观察员的任务单》晋级到第三阶段学习。

【活动准备】

任务单、PPT。

【活动过程】

（一）二级训练营开幕，明确晋级要求

1. 训练营开班祝贺，揭示课题。

"小小观察员"二级训练营开班啦，欢迎各位观察员成功晋级到二级训练营。

---

① 主要设计者：第二实验小学　洪晓宁

2. 出示评价表，明确活动晋级要求。

我们继续小组合作学习，能认真完成本次任务的观察员们将晋级到三级训练营。如何晋级呢？快来看看我们的课堂评价表，要——侧耳倾听，竖起耳朵，认真听老师和同学的讲话；要——火眼金睛，要睁大眼睛，仔仔细细地观察；要——能说会道，要积极发言，去交流，去表达；要——妙笔生花，能利用学到的本领把看到的写清楚。要——精诚合作，是的，最后还要牢记与伙伴们团结协作。

（我看到每位组员都坐得端正，听得认真。我要给他们小组各加一颗侧耳倾听星）

课堂中也请小组长及时评价组员表现哦。各位观察员们，争取晋级吧。

（二）《彩泥Diy》为例，细化观察任务，搭建表达支架

1. 出示课前活动观察的任务单，了解活动兴趣点。

二级训练营也是美术专场，《红黄蓝》《简笔画童趣》和《彩泥Diy》都是你们喜欢的美术实践活动，训练营晋级后，你们都拿到了课前活动观察任务单。我选择了比较有代表性的三份，我们一起来看看吧。

2. 以《彩泥Diy》为例，细化思维导图，确定观察侧重点。

从你们的思维导图中，我们了解了在参观活动前，你们对这些美术活动的兴趣点。其实无论是画简笔画、做装饰画还是捏彩泥，都是一种要动手设计的艺术活动。在设计制作的过程中，我们观察的侧重点应该是它的制作过程，因此，我们还需要细化思维导图。

3. 作品欣赏，激发兴趣，初步搭建表达思维导图。

瞧，这是你们最感兴趣的彩泥作品。这么美的彩泥你想不想做呢？想了解它的制作过程，需要我们把观察点落脚在哪里呢？制作材料、制作工具、基本形状、基本技法和基本步骤。贴板贴。

（三）观察视频，分布落实指导表达《彩泥Diy》制作过程

1. 播放活动现场视频，小组依据表达思维导图，仔细观察。

借助这张思维导图，我请大家观看一段彩泥玫瑰花的制作过程，看看谁能观察得最仔细，拥有一双慧眼，能勇闯"火眼金睛"这一关。

播放视频：（你们观看视频时特别专注，我要给各小组加一颗火眼金睛星）

你观察到了哪些？玫瑰花分成几部分来制作的呢？

不愧是小小观察员，真是火眼金睛。看清楚了，能介绍清楚吗？让我们走进"能说会道"这一关。

2.借助思维导图，分步指导，比较完整地把捏彩泥的过程说完整。

（1）指导"花蕊"：抓动词说句。

（2）指导"花瓣"：抓动词说句，再分句说段。

（3）指导"花萼"：观看视频，抓动词说段。

（4）指导完整说清制作过程：小组合作，完整说出彩泥的制作过程。

（在这一环节中，小组举手积极，表达清楚完整，获得能说会道和精诚合作星）

3.归纳总结观察及表达方法。

你们认真观察，借助思维导图，把彩泥的制作过程表达得完整、清楚，真是能说会道。老师为你们点赞，希望课下能把这个过程写下来，做到妙笔生花。

4.小组统计课堂评价单，每组前三名颁发进入第三阶段学习的任务单。

课后，请小组统计评价单上的得星数。前三名进入第三阶段训练营。

（四）分层布置后一阶段学习任务

1.没有晋级的学生，继续完成第二阶段的学习任务。

2.晋级的学生，根据第三阶段社团海报，按照课上指导的方法，自主设计思维导图，选择合适的观察的方法，探究体育板块的活动内容，并用"先……再……然后……最后……"这样的句式，比较完整地把观察的某项活动的过程说完整。

《三级训练营》教学设计[①]

【活动目标】

1.在上第一和第二阶段学习的基础上尝试独立设计《灌篮高手》《足球小将》《绳舞飞扬》《爱"拼"才会赢》《儿童学象棋》课程的观察思维导图，寻找合适的观察点和观察方法。

---

① 主要设计者：漕泾小学　汤　妞

2. 在组长的带领下，根据自定的观察点，选择合适的观察方法，课外分工完成初次的观察任务，并在观察过程中重点关注人物的动作。

3. 在全班交流分享观察成果中，学习如何用一串动词把两个打篮球的运动员之间的交互过程说清楚。

4. 完成任务的同学可以领到《观察小达人的邀请函》可以参加年级组的"观察达人赛"。

【活动准备】

任务单、动词卡、ppt。

【活动过程】

（一）回顾二级训练营的教学内容，用上一串动词把一个队员的运动片段说清楚

1. 创设氛围，明确活动评价要求。

2. 教师点出本次训练营的训练目标。

3. 回顾二级训练营的内容：借助动词说清黄队8号运动员的运动片段。

（二）以一名运动员的片段描写为例，细化观察动词，搭建表达支架

1. （出示范例）以前面"灌篮高手"中黄色8号运动员的运动片段为例，明白如何把片段说清楚。

2. 播放视频，小组合作观察与黄色8号运动员有交互过程的红色4号队员的动作，根据所给动词卡选择比较恰当的动词。

3. 小组交流观察内容，出示红色4号队员的动词。

（三）借助一串动词，指导把交互的过程说清楚

1. 播放篮球活动现场视频，依据观察把两名交互的队员的动词排序。

2. 将动词分成几组，依次用上一组动词说清一个片段。

3. 将片段内容连起来说清两人的交互过程。

4. 交流与检测是否达到本次训练营的训练目标。

5. 小组统计课堂评价单，表现优异的恭喜晋级。

（四）分层布置后一阶段学习任务

1. 没有晋级的学生，继续完成三级训练营的学习任务。

2. 晋级的学生，根据自己三个阶段探究到的内容进行及时地梳理，并能完善自己的写作素材，为第四阶段的《观察达人赛》做准备。

<h1 style="text-align:center">《小小达人赛》教学设计①</h1>

【教学目标】

1. 在第一、二、三阶段"小小观察员"训练营的学习基础上，交流分享收集自己的学习收获，形成观察素材库。

2. 以《一次篮球比赛》为例，学习修改写作思维导图，并从观察素材库中选择最合适的写作素材，学习独立修改例文。

3. 根据不同的作文题目，选择合适的写作素材，设计写作思维导图。

4. 根据任务单和评价表的要求，评选"小小观察达人"，引导当选上达人的学生在活动中要关心他人，互相探讨，将自己学到的本领教给班内还没有达标的同学，争当年级组的"达人王"，力求做到"同步学，异步达标"，让每个学生都能体验到成功的快乐，能共同进步。

【教学重点】

以《一次篮球比赛》为例，学习修改写作思维导图并从观察素材库中选择最合适的写作素材，修改例文。

【教学难点】

根据不同的作文题目，选择合适的写作素材，设计写作思维导图。

【学前准备】

1. 经历第一到第三《小小观察员训练营》的学习任务，每人完成《一次篮球比赛》的观察习作初稿。

2. 篮球比赛现场的片段视频和现场特写照片。

3. 教学课件和《观察达人赛》表现性评价表、"你真棒"奖励贴纸。

【教学过程】

（一）谈话导入，明确"四级达人赛"的比赛规则

1. 创设氛围，明确学习方法。

（1）谈话导入。

（2）随机板书：

---

① 主要设计者：钱圩小学　肖　兰

侧耳倾听、火眼金睛、能说会道、妙笔生花、精诚合作。

2. 出示评价表，明确比赛规则。

（1）出示比赛评价表，引导学生比较前几次的评价表，寻找不同点。

（2）明确要求比赛规则。

① 按照评价表要求，根据表现获得"为你点赞"的贴纸，并把它贴到"达人赛记分牌"上。

② 获得贴纸最多的小组集体晋级为小达人，其他组的表现最好的前二位和进步最明显的一位同学可以晋级为小达人。

（二）回顾旧知，梳理1—3级达人训练营的学法

1. 出示闯关一：谁是记忆王

（1）明确比赛规则：

① 仔细看图，回顾第一、第二、第三训练营的学习场景，回忆学到了哪些本领？

② 比比谁把之前学的知识和本领记得最牢，还能用自己的话讲出来。

2. 学生自由准备。

3. 指名交流，随机板书：

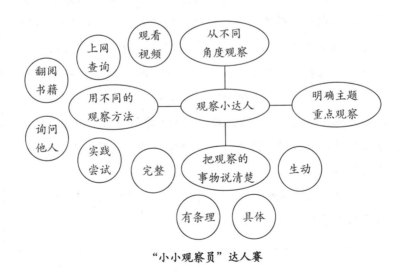

"小小观察员"达人赛

4. 师生随机点评，奖励"你真棒"贴纸，评比出本轮的"记忆王"。

（三）修改例文，学习边观察边修改作文的方法

1. 出示闯关二：谁有火眼金睛。

明确比赛规则：

（1）仔细阅读《一次篮球比赛》例文，回忆比赛现场，思考：文章分了几个自然段，每段都写了什么？有什么环节漏了吗？要不要补充些什么？

（2）比比谁有火眼金睛，通过仔细观察图片和视频，能把这篇文章修改得更加好。

2. 出示例文，学生默读文章，思考问题。

一次篮球比赛

　　星期二的早上，钱圩小学第3届"尚之杯"校园篮球班级联赛在五（1）班和五（2）班的比赛中拉开了帷幕。

　　比赛开始了，裁判员一声哨响，我们班的小张原地拍着球，寻找着同伴，忽然看见小王在不远处，轻轻一跃，将球弹了出去，小王率先得球，抱着球跑到了篮球架前，他潇洒地把球投了出去，球砸到了篮板上，转了好多圈，最后进了篮筐，我们班率先得了二分。我们高兴得太早了，五（2）班的小陈抓住这个大好时机，把球抢走了，我方拼命想抢球，眼看球就要被我方抢到了，五（2）班的同学都使出了吃奶的劲儿，大声地喊："小陈加油！小陈加油！"小陈猛地一转身把球稳稳地转运到了左半场，我们跟着小陈的身后，团转，当把球运到篮球架旁时，向上一跃，把球投进了篮筐。五（2）班也得了两分。

　　20分钟的时间到了，五（2）班一共进了7个球得了14分，我方只进了2个球得了4分。

---

3. 指名交流，完成例文的写作思维导图设计。

4. 观看比赛现场的片段视频，寻找写作思维导图中遗漏的版块，进行完善。

5. 再看比赛现场的特写照片，引导学生试着把运动员、观众、作者的动作、表情、神态、语言、心理活动写具体，写生动。

6. 师生随机点评，奖励"你真棒"贴纸。

（四）切换题目，学习选材和编写写作思维导图法

1. 出示闯关三：谁会七十二变。

明确比赛规则：

（1）比较《一次难忘的篮球比赛》《一次篮球比赛》《灌篮高手》三个题目的异同。

（2）小组讨论，不同的题目在选材上有什么不同，尝试编写写作思维导图。

（3）比比谁会七十二变，能根据不同的作文题目，选择合适的写作素材，弄清不同的作文题目，环节的详略处理要有变化。

2. 出示各类题目，学生小组讨论准备。

3. 反馈交流，师生随机点评，奖励"你真棒"贴纸。

4. 根据"你真棒"贴纸的数量，评选出"观察小达人"。

（五）小结归纳，指导课下"达人王"的评比方法

1. 回顾本节课的作文修改方法。

（1）师生互动，回顾本课所得。

（2）板书《修改作文儿歌》，帮助学生课后运用方法修改自己的文章。

生活经历多相似，综合拼加大杂烩。

提炼整合有诀窍，妙手匠心会盘点，

细节改造新意现，延伸结局看发展。

2. 出示闯关四：争当达人王。

（1）出示《"小小观察员"训练营综合实践活动任务单记录册》评价表。

（2）明确评选"达人王"的要求：

"观察小达人"课后进行伙伴互助式学习，把自己的本领交给其他未达标学生，比比谁的方法好，能在最短的时间里教会更多的同学，让他们也能进入"观察小达人"的行列，看看谁能成为年级组的"观察达人王"。

《清明探秘》以"爱"为引擎
跨界语文融合育人策略

一、案例背景

（一）时代发展需要五育并举的语文学习模式

从中共中央、国务院《关于深化义务教育教学改革全面提高义务教育质量的意见》和《国家中长期教育改革和发展规划纲要（2010—2020年）》等一系列重要举措的出台中，重视社会与情感能力的培养是应对当前学生身心发展问题的重要路径，也是学科育德实现学生"德、智、体、美、劳"全面发展的重要手段与目标。

（二）单调的学习模式影响了学生的健康成长

当前，许多学校、教师和家长过分强调学科知识学习，忽视了学科间的关联，忽视了学生主观能动性的发挥，忽视了个性的发展，忽视了学生良好品行的培养，因此造成部分孩子在生活上，盲目消费，互相攀比，不懂得勤俭节约；在自我管理上，自理能力很差，依赖性强；在学习上，缺乏吃苦耐劳、勇战困难的精神；在精神上，意志力薄弱，面对学习和生活上的困难，往往知难而退，缺乏竞争意识和拼搏精神，甚至用轻生的极端方式解决矛盾冲突；在信念上，存在一定程度的信仰危机，不懂得为谁学习，为谁读书。这与中国的飞速发展，需要大量德、智、体、美、劳全面发展、能担当民族复兴大任的时代新人不符。

（三）用丰富的活动体验点燃学生"爱"的内驱力

《"祭先烈敬先贤承先志"清明探秘活动》语文跨学科项目化学习的设计

就是基于解决上述现状，满足时代和学生个性发展的需求而诞生。我们在遵循《语文课程标准》："应拓宽语文学习和运用的领域，注重跨学科的学习和现代科技手段的运用，使学生在不同内容和方法的相互交叉、渗透和整合中开阔视野，提高学习效率，初步养成现代社会所需要的综合素养。"的基础上，通过打破学科、课内外、校内外的壁垒，将语文学习融入到传统节日文化活动中，在五育融合理念引领下，帮助师生建立开放的学习空间，构建平等的学习氛围，将学校、家庭和社会连为一体，为新时代健全人性与培养合格公民打通任督二脉。

二、案例描述

（一）进行项目可行性分析

清明节是有着悠久历史渊源、深厚文化内涵和丰富的中国传统民俗活动之一。它是弘扬爱国主义精神，传承中华民族传统文化，缅怀革命先烈的良好契机。而钱圩地区清明节祭奠祖先、缅怀先人的祭祀活动更是有着悠久的历史和特色。一到五年级教材中关于这方面的内容也比较多，因此《"祭先烈敬先贤承先志"清明探秘活动》语文跨学科项目化学习有一定基础是可行的。

（二）明确并制定研究目标

我们结合语文教材，清明习俗，尝试用五育融合的活动形式祭奠祖先、先贤，铭记革命先烈的无畏和幸福生活的来之不易，进行"爱"的教育，目标如下：

1. 认知目标

知道清明节是华夏民族的传统节日，它的来历和传统习俗，自主阅读红色经典书籍和教科书中的国家情怀的课文，记诵清明诗歌，在书中探寻"清明"。

2. 行为目标

结合德育活动，了解清明的民俗民风，纪念先人，慎终追远；缅怀先烈，培养学生在生活中发现问题、解决问题的能力，培养与人合作交流、搜集整理资料、实践探究的意识和习惯，在实践中探寻"清明"。

3. 情感目标

打通课内课外，校内校外和学科壁垒，让学生寻找他们之间的内在联系，将无形的"爱"的教育，变为有形，让空洞的说教变成"爱民族文化、热爱家乡、关爱自然和社会"充满童趣、童真的学习体验,点燃孩子心中的真、善、美,提升他们的综合素养,争当"钱小阳光少年"。

(三)语文五育融合的实施过程

1."融合什么?"——制订方案定位了融合的高度

语文学习是一种分支广、范围宽、实践性强的综合性学习,需要载体和途径。因此,在制订《"祭先烈敬先贤承先志"清明探秘活动》方案时,根据课标要求,从学校的办学理念、学生成长需求,社会发展期待等方面规划了《钱圩小学课程体系的基本结构》在顶层的整体规划、部门联合中制订的方案,定位了课程的高度。我们立足于语文教材内容和学生的生活,尊重和满足每个学生和教师个性发展的需要,力求做到打破学科壁垒,利用社区和学校的各类课程资源,选择贴近学生日常生活的常识性问题,较系统地引导学生运用自己所学知识来解决日常生活中的问题,通过不断丰富学习经历,教学生学科知识与技能,培养学生思想、观察、记忆、想象、思维、审美、创造等能力,提升人格情操。

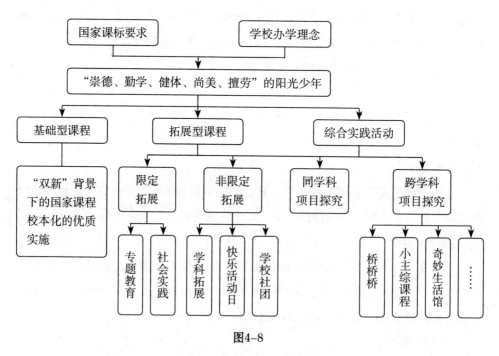

图4-8

2."怎么融合?"——课内外统整拓宽融合的宽度

活动方案明确了方向,而活动内容和形式的删选决定了融合的宽度。我们严格落实国家课程，以丰富学生学习经历为出发点和落脚点，联结课内外学习的时间和空间，五育融合教学（内容见表4-10）。不仅进行语音、文字、语法、修辞、逻辑等语言文字知识的学习，还运用语言文字进行实践活动（如思维、写作、演讲、交际）等进行语文能力的培养。在不断实现各学科知识的拓展中将学科价值发挥出来，这对于不同学力的孩子来说，整个实践过程就是知识技能的一次回炉性学习、也是知识技能的一种拓展延伸，还是知识转化为能力的一个实现手段，实现了因材施教，分层教学。

表4-10

年级	语文教材	德育要素	课内学习	课外实践
一年级	1.《吃水不忘挖井人》 2.《我多想去看看》 3.《小青蛙》	举行清明朗诵会	1.了解什么是清明节？清明节在我们这里举行哪些活动？ 2.学习一些清明诗歌和革命故事	1.会背诵1—2首清明节诗歌 2.参与踏青远足活动 3.吃青团感受民俗
二年级	1.《找春天》 2.《开黄鲜花的小路》 3.《邓爷爷植树》 4.《雷锋叔叔在哪里》 5.《千人糕》 6.《传统节日》	举行"明清明历史，从小树立爱国志向"故事会	1.了解清明节的一些地方习俗； 2.收集一些先贤、先烈的事迹	1.能讲一个先贤、先烈的故事 2.参与踏青远足活动 3.吃青团感受民俗
三年级	1.《燕子》 2.《古诗三首》春景 3.《清明》 4.《春游去哪儿玩》	开展祭扫顾观光墓实践活动	1.自己动手扎一朵小白花 2.向长辈了解顾观光的概况	1.介绍顾观光的概况 2.参与踏青远足活动 3.吃青团感受民俗
四年级	1.《古诗三首》 2.《乡下人家》 3.《三月桃花水》	开展参观金山卫日寇登陆遗址纪念园活动	1.同伴互助扎一个花环 2.了解家乡革命先烈的事迹	1.记住烈士陵园一位先烈的名字及他的事迹 2.吃青团感受民俗
五年级	1.《古诗三首》春景 2.《古诗三首》爱国 3.《青山处处埋忠骨》 4.《军神》 5.《清贫》	1.开展做青团活动 2.参观金山卫日寇登陆遗址纪念园 3.举行"沿着先辈们的足迹"演讲会	1.同伴互助扎一个花环 2.了解本地的革命斗争史 3.动手操作做青团	1.写一篇以"缅怀革命先烈弘扬民族精神"为主题的征文 2.边做边吃青团感受民俗

3. "融合效果？"——思维导图检测了融合的厚度

为了检测项目实施的效果，我们从评价指标、评价载体、评价者三个视角设计了评价表（见表4-11），采用自我评、家长评和教师评相结合的方法，关注的小学生获得的过程体验和感受，注重小学生在活动过程中的表现，以评促学，以评促教，努力调动学生的积极性，使其在活动中有所收获，有所进步。

表4-11

评价主体	评价内容	评价标准
家长评价	1. 你是否同你的孩子讨论过活动主题	□经常　□很少　□不讨论
	2. 你的孩子对所参加的活动是否感兴趣	□很感兴趣　□一般　□不感兴趣
	3. 你的孩子在这项活动中投入的精力	□很多　□较多　□一般　□较少
	4. 你对孩子的成果有什么看法	□成果显著　□一般　□较少
	5. 你孩子参与活动后，有没有进步	□进步大　□有进步　□基本没进步
学生自评	1. 你对参加的活动主题是否一直感兴趣	□是　□有变化
	2. 你收集资料是感到很困难	□很容易　□有困难　□很困难
	3. 你是否经常与其他同学合作	□经常　□不经常　□很少
	4. 你与其他同学合作是否愉快	□愉快　□一般　□不愉快
	5. 你对你的活动是否满意	□很满意　□满意　□不满意
教师评价	1. 学生对所选活动主题的兴趣是否持久	□持久　□不持久
	2. 学生获取信息的多样性与合作性	□好　□较好　□一般　□较差
	3. 小组成员能否进行有效的合作与分工	□能　□基本能　□不能
	4. 学生是否能经常请教教师	□经常　□不经常　□很少
	5. 活动是否达到预定的目标	□达到　□基本达到　□没达到
	6. 学生是否有独创性的表现	□有　□没有

从评价表中，我们可以看到：由于评价方法的表现性，评价内容的综合性、全面性、分层性，充分体现学科间有效资源的整合，实现了理论到实践的序列递进式纵向发展的动态，让处于不同学习层次的学生都能感受到教师的真诚激励和有效引领，激发学生的学习潜能，让学生敢表、乐表、善表；学会表真、表善、表美、表新。

三、研究成效

我们围绕"爱"的育人目标，在五育融合建设的视野下，致力于学校教育相关诸要素的优化、融合和贯通，跨学科、跨领域地统整各类资源，拓宽了学习的实践场所和训练时间，培养了学生综合运用各类学科知识，自主探究学习的能力，激发了学习的兴趣，为学生健全人格和优秀品行的形成提供了范式。

（一）挖掘"爱"凸显传统节日的内涵

众所周知，儿童时期的学生富有表现的愿望，也是创新品质发展的良好时期。而语文综合素养就是以语文能力为核心，其要素包括语文知识、语言积累、语文能力、语文学习方法和习惯，以及思维能力、人文素养等，还要把文学审美、文化价值、思想价值等纳入。它是学好其他课程的基础，也是学生全面发展和终身发展的基础。

"祭先烈敬先贤承先志"清明探秘活动的实施，就是基于培养语文综合素养的要求，从学生的认知、能力、习惯和个性发展等方面出发，在尽量合乎真实的情境中，将传统节日内涵完美融入到学科学习和德育活动中，在内容上，将基础型课程、拓展型课程、研究型课程和德育活动有机整合；在教法上，将学习习惯、学习方法、学习能力的培养作为评价重点，将三者有意识地统整；教师从关注教学方式转变为关注学生的学习方式，把教学着力点从如何"教"转变为学生如何"学"，引导学生自己去寻找和课堂与节日相匹配的知识和内容，克服了唯知识的教与学，让学生学会学习，凸显以能力为主的素养培养，师生的个性化教和学得到全面体现。在丰富的"爱"的体验中，提升了学生的综合素养、健全人格和优秀品行的形成。

（二）浸润式育德提升了综合素养

传统节日文化有着符合每个时代的精神文明特征，有着美好的品德和品质。清明节的习俗是"爱"的教育最好范式。

在祭奠自家祖先时，增进了亲情，协调了关系，让家和万事兴，民族和睦的意识融入心中，帮助孩子学会感谢父母给予的生命，感谢祖辈留下的生活资源；在组织学生缅怀钱圩镇名人——顾观光（清代数学家、天文学家、医学家）时。引导孩子明白："三百六十行，行行都有先师。历代先师不断探究发明、敬业奉献、继承发扬，才有行业的兴旺。"发自内心地感谢先师传道、授业、解惑，感谢他的传授行业信仰、做人之道、治学之道、职业道德、技术技能之恩；在组织学生纪念抗战英雄，理解先烈在民族危亡之际，为了民族的生存、兴旺和发达，贡献宝贵生命的壮举。培养学生继承先烈崇高爱国精神的意识，努力学习，学做人、爱家乡、爱祖国。学会珍惜今天的幸福生活，树立正确的世界观、人生观、价值观和荣辱观。

"爱"为引擎构建语文融合育人项目化学习模式，以培养学生社会与情感能力为抓手，使它成为语文五育并举融合育人的纽带，我们在目标、内容、方法、过程四个层面的设计中，挖掘"爱"的育人素材，在活动体验中提升学生的综合素养和优秀品格。它既有助于改变学校工作中五育分离的现实状态，又有助于学科融合育人工作的延伸。

第五章

课程资源统整下小学语文核心素养提升的评价研究

课程资源统整的实施是否在实践中发生作用取决于评价和课程之间的关系。我们在实践中，转变了观念，完善了评价体系，明确了我们评价的目的不只是"分数"，而是一种诊断，是对后续发展的一种推进。我们以上海市中小学生学业质量绿色指标为导向，以"评价能力表现"这个教育学新概念，建立促进学生全面发展的语文评价模式，从学业成绩评价、综合素养评价、快乐活动评价三个视角，根据课程的不同特点，按照评价的内容，采用不同方式的评价。在建立科学、规范的评价机制基础上。充分关注学生的个体差异和特色发展需求，对学生进行多元化的表现性评价和激励，为学生的个性发展提供空间，帮助学生全面认识自我，建立自信，充分调动每一位学生的积极性和创造性，激发学生的潜能。它更加注重学生的学习状态和情感体验，注重教学过程中学生主体地位的体现和生成，培养和尊重学生的人格和个性；也注重教师主体作用和个性能动作用的发挥，最终达到学生和教师共同进步的目的，实现双赢。

课程资源统整后的评价管理

为改进和完善教学评价机制，我们逐渐完善了评价的内容与方法，形成了较为合理的课程评价机制，促进了教师与学生的发展。

一、按评价对象来分

1. 课程评价

表5–1

课程名称	评价内容	评价方法
校本课程	课程目标	互评
	课程内容	自评和互评相结合
	课程评价	自评和互评相结合

2. 教师评价

表5–2

课程类型	评价内容	评价方法
基础型课程	基于课程视野与课程观下的教学设计	互评 形成性评价与终结性评价相结合
	课程教学行为	自评和互评相结合
	教学评价能力	形成性评价与终结性评价相结合
拓展型课程 探究型课程	课程设计	互评
	课程实施	自评和互评相结合 形成性评价和终结性评价相结合
	课程评价能力	自评和互评相结合

3. 学生评价

表5-3

课程类型	评价内容	评价方法
基础型课程	知识与技能	互评
	过程与方法	自评和互评相结合
	情感、态度价值观	自评和互评相结合
拓展型课程	参与度	自评和互评相结合
	合作精神	自评和互评相结合
	拓展能力	自评和互评相结合
探究型课程	发现问题的能力	自评和互评相结合
	探究问题的能力	自评和互评相结合
	解决问题的能力	自评和互评相结合

二、按评价内容来分

学业成绩评价如下：

1. 基础型课程

各学科实施目标多元、方法多样的评价。如：日常评价、过程性随机评价、质量检测等。在教师、同伴、家长、自己多方的评价下，判断学生的进步过程、努力程度、反省能力及其最终发展水平。结合评价内容促进学生各种学习习惯的养成及自我诊断与评价，挖掘学生的优点，使学生获得自信，始终保持一种积极的学习态度进行快乐学习。

2. 探究型课程

采用"单向研究学习单""成长记录册"和网络论坛等多元化评价方式。"单向研究学习单"就是根据研究主题确定研究内容和方法设计的具有项目特点的学习记录单，通过过程性记录，同学间合作互评，不断改进学习成果。"成长记录表"即用表格的形式，由学生、教师、家长（或社区）、同学四方面分别予以评价。最后，把学生项目活动的成绩记载入《学生成长手册》的"探究型课程学习情况记录表"。"BBS网络探究论坛的交流"通过主题是网络研讨话题，让不同年级的学生共同参与研讨，将研究的内容不断扩大，研究的难度逐步加深，在查看别人活动成果的同时，积累与自我评定。

3. 拓展型课程

以课堂评价、作业展评、教师评价为评价方式。教师根据每个学生参加学习的态度进行评价，分为"优秀""良好""一般""较差"记录，作为"优秀学生"评比条件。学生静态成果则通过班级展示、开放阅览角、"小荷才露尖尖角"博客网站展示评比，动态成果通过一些汇报演出等形式展示，成绩优秀者可将其成果记入学生学籍档案内。

三、按年段来分

1. 学习准备期评价

针对一年级学生进入新的学习环境后所发生的心理、思想、行为的变化，围绕"环境适应""兴趣激发""习惯养成"三个要素设计了一年级学习准备期综合活动方案。该方案共有四个活动模块：熟悉新环境、认识新伙伴、了解新规范、养成好习惯。在学生进校一个月后，向家长开放，展示学生的学习情况。

2. 低年级综合评价

根据新课程标准关于学生学业考查的要求，根据一年级学生的年龄特点和心理需求，学校设计丰富多彩的游艺活动，打破一张试卷定高低的格局，学校进行"快乐起跑线，宝贝向前冲"的综合评价活动。活动整合了语文、数学、英语、自然常识、音乐、美术和体育共七门学科，一年级各个班级的小朋友以小组为团队，井然有序地步入"快乐哆来咪""绳飞毽舞"和"流动的汽车旅馆"等游艺室参加考查活动。在"文采飞扬"室，小朋友们在关工委的老师和家长志愿者的鼓励下有声有色地朗读着抽取到的儿歌，有的孩子太紧张了一时不能顺利地完成答题，关工委的老师和家长志愿者也像老师一样时不时赞扬并轻声询问；在"数学超市"室，准确地计算出人民币的数值，迅速地拨弄钟表，就得到了老师奖励的印章，孩子们得到奖章后喜悦的表情顿时从他们稚嫩的小脸上绽放出来，在游戏中他们收获的不仅仅是老师鼓励的奖章更收获了自信和对自己能力的肯定；在"魔法气锤"室，用玩具气锤敲打听到的英语单词这种新颖的方式让孩子们乐在其中，在气锤的敲打声中孩子们更将一个个单词深深地敲在心里敲在今后的学习当中；在"快乐哆来咪"中，孩子们放声高唱课内课外的歌曲；"我一口气跳绳跳了85个，我得了三个奖章"，这是从"绳飞毽舞"室传出的欢叫声；"老师，我不知道还有哪些办法能让小风车转起来，你能帮帮我吗？"这是设置在楼梯口的"加油站"处，是老师帮助在考查活动中碰到困难的学生解决问题的地方……丰富多彩的考查活动，激发了同学们的参与热情，喜悦的神情始终洋溢在大家的脸上。每个学生在展示自我亮点同时，提高了学生的"创新素养"和"综合能力"，让每一位学生体验了成功的快乐。

3. 中高年级综合评价

中高年级学生，以主题式的活动，整合所有学科对学生进行综合性、开放性的评价，让学生在活动中感知、感受和体验。比如，"三年级的十岁生日"在庆祝自己生日的同时感受父母的养育之恩，体验成长的快乐。四年级的"慈母情深主题活动"，每个学科根据这个主题设计，语文写一篇以母爱为主题的作文，让老师、同学、妈妈一起来写点评，在互动中体验浓浓的亲情；英语学科学习有关母亲节的语篇，拓宽知识，体验情感；数学利用超市的价目表制订一个购买计划，给妈妈买一份生日礼物。音乐则学习有关母爱的歌曲；美术课制作精美的母亲节贺卡等等。让学生在一系列的活动中，受到一次深刻的感恩教育。

四、综合活动评价

1. 校园文化节活动评价

争章评价与学校的读书节、数学节、英语文化节、科技艺术节等活动相结合是我校的一大特色。学校设计了小博士章、快乐阅读章、口语交际章、科技艺术章、阳光体育章等特色章，通过评价活动，让学生在活动中积累知识、运用知识、开拓眼界、提高能力。

2. 亲子活动评价

在学校每年的主题文化节，我们都设计了亲子活动板块，让家长参与到学校的活动中。我们设计了亲子活动评价表、争章活动、家长活动感言、活动征文等形式的评价活动，通过亲子活动形式让学生在实践活动中感受亲情、体验文化。

3. 少先队考章评价

每学期的少先队考章活动最受孩子们喜欢，学校针对不同年龄段学生的实际情况，从教育目标、活动内容、奖章激励等方面入手，对雏鹰争章、假日小队活动、社会实践活动等设计了相关的评价方案。

此外，老师们还根据各种活动，根据活动的内容、活动的形式、孩子的年龄特点，设计精美的评价表，有表格式的，有图标式、有描述性评价、有综合性评价。他们体现了评价的过程。学校的网站、校报、才艺天天秀、每周的升旗仪式、各种展览活动等等都为学生搭建了展示的舞台，丰富了评价的内容和形式。

4. 生活知识技能评价

除了学习技能以外，在小学阶段掌握必要的生活知识技能也是很重要的，内容包括健康教育知识、生活基本技能、自救能力。设计系列评价指标，让学生在主题活动中逐步建立健康的理念，加大对健康知识、基本技能、健康行为的主动参与度。例如学校邀请消防局的战士给全校学生进行消防演练，进行消防知识的讲座，告诉学生如何报警等等，并通过现场互动，以此来评价学生的生活知识技能。

基于小学语文核心素养的表现性评价研究

一、问题提出

（一）国外现状分析

西方一些教育先进国家的评价形式改革，对我们有很多启发和借鉴的意义。如英国中小学生课外评价主要有四种类型：一是实践评价，即指有教师指导的各种实验、独立观察、独立完成美术作品及各种动手能力的测试；二是书面评价，即指客观性测试，其形式有回答简答题、抢答题、写随笔、论文、观察报告、评论、调查报告、科研项目等；三是口头、听力评价；四是表演评价。如美国教师经常设计一种贴近生活的课外评价，他们认为应当鼓励学生在实际生活中运用课堂上所学的知识，达到学以致用；当学生们意识到所学的知识很快能运用到现实生活中，实现自己所学知识的价值时，学生就会觉得课堂上所学的知识对他们来说特别显得有意义。又如在日本，中小学生家庭评价非常关注学生生活的实际。如教师布置给小学生的家庭评价："自己设计自己的郊游""和三个以上的小朋友一起玩""听老人讲发生在过去的故事"等等。

（二）国内现状分析

近几年，国内教育者加大了对同类项目的研究力度，发现致力于此研究的老师也很多，如钱理群等当代著名教育大家提出的语文素养培养的目标、任务、途径，姚竹青老师的大语文教学观，行动研究、经验总结等研究方法。特别是《九年义务教育语文课程标准》在论述语文课程的性质和地位时指出："语文课程应致力于学生语文素养的形成和发展。"自此以后，很多学校对评价做了有益的改进尝试，要求评价必须面向全体学生，使学生获得基本的语文素养。在实施素质教育及新课程改革的大背景下，全国各地许多学校潜心提高和培养学生语文素养，在评价设计方面已经积累了丰富的经验，诸如"开放性评价""主体性评价""发展性评价"等创新设计也层出不穷，在丰富评价形式、激发学生学习兴趣方面积累了不少宝贵经验。但距离新时代学生发展的需要，距离新课标的目的和要求，还需要加大实验和研究力度，大力培养，全面提升。

（三）理论和现实意义

1. 符合教育转型的需要

《国家中长期教育改革和发展规划纲要（2010—2020年）》提出："要把减负落实到中小学教育全过程，促进学生生动活泼学习、健康快乐成长。学校要把减负落实到教育教学各个环节，给学生留下了解社会、深入思考、动手实践、健身娱乐的时间。要提高教师业务素质，改进教学方法，增强课堂教学效果，减少评价量和考试次数。培养学生学习兴趣和爱好。"同时，《语文课程标准》也明确提出："语文课程的目标是全面提高学生的语文素养""教师要精心设计评价，要有启发性，分量要适当，不要让学生机械抄写，以利于减轻学生负担。"

近几年，随着上海市基于课标的教学与评价的整体改革的推进，金山区基础素养综合评估项目的推广，我们清楚意识到：建构适合学生发展和学校特色发展的课程体系，改变评价模式，提升学生的综合素养，是全面落实素质教育的重要举措。面对上海基础教育的转型发展，我们产生了本项目的研究思路，旨在通过表现性评价，培养学生动手能力和创新精神。以改革学生的语文评价方式为核心，将评价的主动权还给学生，让学生积极主动地投入到学习中来，以评促学，以评促教，让每一位学生成为最好的自己，让他们敢表、乐表、善表、表真、表善、表美、表新。

2. 符合课程改革的需要

评价是课程改革的一个重要组成部分，它贯穿学生学习活动的始终，是一种有目的、有指导、有组织的学习活动，是学生学习情况反馈的第一手材料，是提高学生素质的重要载体，最能凸显学生自主学习的能力，最能真实反映学生的学习过程。而表现性评价主要是用来测量那些不被客观性试题很好测量的学习结果，是对学生在真实情境下运用知识和技能能力的一种评价方式，它不仅是评价的工具，更是实践活动，强调学生的参与，本项目尝试为学生提供活动表现的时间和空间，尽可能用可观测，可测量和可量化的方式，把被评价者的行为和成果特质作为界定表现的评价标准。

3. 符合学生成长的需要

本项目研究是在学校龙头课题《基于金色童年课程的表现性学习的实践研究》的基础上，派生出来的子课题，我们将表现性学习与《小学教育学》的理论相结合："学生作业评价的直接目的在于巩固所学内容"的观点。根据不同年龄段学生生理和心理特点，按照国家课标要求，组织好学生作业的设计、布置和评改工作。首先从培养学生良好的学习态度、学习习惯和学习方法，锻炼和提高他们的智力和各种能力入手，旨在通过评价改革，以培养和发展学生的主体意识为出发点，为学生提供自我表现的机会，激发学生的创新意识，培养学生的学习兴趣，变"要我学"为"我要学""我乐学""我会学"。

二、研究过程

《基于小学语文核心素养的表现性评价研究》项目的目标、内容设定和整个研究过程，都遵循了新课标提出的培养任务，以上海市推行的"基于课程标准的教学与表现性评价"、上海市中小学生学业质量绿色指标测评和金山区的小学生基础素养评估项目的相关要求为导向，以提升小学语文核心素养为目标，尝试利用校内校外的一切教育活动，以案例研究为抓手，构建语文表现性评价的新形式。整个研究过程历时三年，分三个阶段进行，具体内容如下：

表5-4

研究过程	研究内容	研究方法
准备阶段：	1.调查了解有关于小学生语文评价现状 2.根据数据分析，确定研究内容，成立项目组，明确人员分工 3.搜集资料，制订项目研究方案	1.问卷调查法：在研究前、后期采用问卷、谈话、比赛等方法，对全校学生的基本情况进行分析，了解每一位实验对象的角色转变轨迹。比照阶段性研究后语文教学的实效性 2.文献资料法：搜集和查阅有关文献资料，根据语文课程标准的评价要求，对评价内容和方法进行挖掘、分析和归类。借鉴已有的研究成果和经验教育，找到新的生长点，防止重复生长。避免和少走弯路，为项目研究寻求理论支撑和方法指导

研究过程	研究内容	研究方法
实施阶段：	1.项目组成员制订具体可行的阶段研究计划，并按计划开始在实验班进行实施 2.每两个月召开项目研讨活动，及时调整研究方案，初步形成体系 3.积累素材，以案例形式推广，由点带面，在取得一定成功的基础上，扩大实验范围	1.行动研究法：在充分调查和整理分析文献的基础上形成假设，制订研究方案，在研究中，不断进行新的评价模式进行尝试，探索出既能激发和提高学生语文学习兴趣，又能减轻学生课业负担的有效评价模式 2.案例研究法：通过实践探索与研究，不断总结评价促进学生语文综合素养提高的典型案例，对一些前后差异明显的班级、学生进行跟踪研究。将实践中搜集的材料进行归纳、提炼，进行定量和定性分析，得出能揭示教育现象的本质和规律，确定具有普遍意义和推广价值的方法
总结阶段：	1.全面收集、整理与项目有关的材料 2.对项目进行系统、全面地总结，撰写出项目结题报告 3.编写成果集	经验总结法：本项目研究中的经验总结，是依据实践所提供的事实，分析概括学校评价实施中的主要现象，使之上升到理论高度认识的一种行之有效的方法。根据评价研究内容，不断积累素材，对校本实践进行审视，总结得失，总结有效的评价方法，提炼有效的经验

三、结果分析

《基于小学语文核心素养的表现性评价研究》项目从表现性评价的内容、形式、容量、对象等方面进行整体设计，是一种源于实践、基于实践、高于实践、指导实践的发展过程。其关键点是改变以往评价过分强调甄别与选拔的功能，发挥表现性评价促进学生发展、提升教师专业素养和改进教学效益的功能。我们坚持从学生的学习基础和未来的全面发展需要出发，通过评价案例研究，寻找培养学生身心全面、和谐发展的评价模式，注重教师主体作用和个性能动作用的发挥，注重教学过程中学生主体地位的体现和生成，更注重学生的学习状态和情感体验，培养和尊重学生的人格和个性，以此来提升学生的语文核心素养。

（一）问卷调查分析中明确了表现性评价的研究方向

语文核心素养是什么？表现性评价与传统评价有何区别？表现性作业设计

的整体性、针对性如何提高？表现性作业如何与学科综合实践活动的融合？表现性作业设计中如何体现学科育德？一连串的疑惑困扰着项目组成员。

项目初始，大家带着问题，开始各类的主题理论学习和检测学生语文学习评价现状；进一步明晰研究目标，共同修改完善项目研究方案，研讨中，大家意识到：当我们将学生作为一个独立的人来对待时，检测目标不再是一组生硬的数字，而是对一个个充满活力的生命关注，于是伴随而产生的就是各种各样非预期的结果，在实现目标过程中就必然会产生众多发展中的问题，过程的不可确定性。

（二）学习思考中构建了表现性评价的理论框架

目标明确了，如何构建评价理论框架，让我们又一次陷入思考。我们一方面组织学习各类评价理论书籍，概括和形成有关学生语文表现性评价的理论体系，以指导评价工作的开展。另一方面参加各类培训与研讨活动，如市教研室谭轶斌老师主讲的《珠峰在召唤——例谈中小幼教师的教育研究》，区里各校组织的教研活动：《巧用交流平台，搭建语文学习桥梁》《运用组块理论，促进语文要素有效落实》《探人物描写序列，觅习作教学策略》《轻叩诗歌大门》等教研活动等，在学习中，我们分析了不同学校、不同年龄段的评价的内容和评价指标，总结出表现性评价应该呈现出以下几种特征：

1. 评价目标的发展性

实施的表现性评价应该是以实现全体学生全面生动发展为目的，结合学生特定的年龄，认知水平和生活环境确定相应的目标。例如：结合日常评价、过程性随机评价、质量检测、智力大冲浪——分层《校本作业》等。在教师、同伴、家长、自己多方的评价下，判断学生的进步过程、努力程度、反省能力及其最终发展水平。不断调整评价内容，促进学生各种学习习惯的养成及自我诊断与评价，挖掘学生的优点，使学生获得自信，始终保持一种积极的学习态度进行快乐学习。

2. 评价主体的多元性

表现性评价的主体是教育活动的直接负责人，主要包括学习者本人、教师和家长。学校在具体操作过程中，形成"人人都是教育者，人人都是教育表现性评价者"的格局，突破了表现性评价局限在学校内的传统做法，探索形成以学生为主体，教师为指导，社区家长参与的机制。例如：教师根据每个学生参加学习的态度，以课堂评价、《创意阅读与表达》作业展等，进行多元评价，分为"优秀""良好""一般"记录。学生静态成果则通过班级展示、开放阅览角、"小荷才露尖尖角"博客网站展示评比，动态成果通过一些汇报演出等形式展示，成绩优秀者可将其成果记入学生学籍档案内。

3. 评价过程的开放性

表现性评价中，我们要淡化终端表现性评价，强化过程中的形成性表现性评价。实行二次评价，让学生知道在表现性评价过程中不断向新的目标迈进，以达到激励的最佳效果。例如：我们采用"主题式研究学习单""成长记录册"和"网络探究的交流"等多元化评价方式。根据研究主题确定研究内容和方法，设计具有项目特点的学习记录单，通过开发性记录，同学间合作互评，不断改进学习成果。例如《"小小观察员"训练营》跨学科主题式语文实践活动，里面的"成长记录表"评价，由学生、教师、家长、同学四方面分别予以评价。又如：通过《小鬼当家闹新春》《奇妙生活馆》等综合实践活动任务单，让不同年级的学生共同参与，将研究的内容不断扩大，研究的难度逐步加深，在螺旋上升的任务单设计中，帮助学生积累与自我评定。在开放的评价中，学生取长补短，不断提升自己的综合素养。

（三）收集归类中明确了表现性评价模式

在表现性评价中，我们以课程标准为依据，按学段目标要求，实行多元评价。在评价中，结合评价发展的特点，努力实现语文学科评价的基本内涵，以评价形式多样化、评价主体多元化、评价结果实效化为原则，立足多元主体的评价地位，使评价者拥有更丰富的、更多的评价选择权和参与权，最终发挥更大的教育教学潜力和主观能动的作用，帮助学生在评价中享受成功、建立自信、认识自我、反思自我、完善自我（见图5-1所示）。实施中要注意以下两方面：

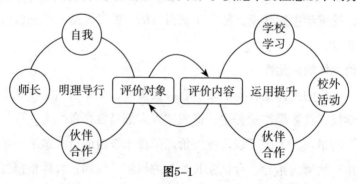

图5-1

1. 评价内容

对于小学生语文学业的评价应涵盖语文素养的诸多方面，识字写字、阅读、习作、口语交际与综合性学习等五个板块的目标均要在评价中体现。并根据几大板块的研究需要，建立语文题库，鼓励形成有班级特性的检测评价试卷，培养教师出题能力、综合评价能力，形成资源共享、共同进步的新格局，以适应新课程学业评价的需要。

2. 评价对象

在评价过程中，人人都可以成为评价者，人人也可以成为被评价者。从理论上讲，评价是一种综合能力，只有学会评价，才能参与评价。在培养学生评价能力的过程中，在课堂教学中，培养学生评价能力，有意识地让其在评价中学会评价，在实验中形成交互性评价的方式，师生、生生互动，实现教学相长。

（四）实践检验中形成了表现性评价的操作模式

项目坚持整体性与综合性评价相结合，形成性评价和终结性评价相结合，定量评价和定性评价相结合，单向评价和互动评价相结合，逐渐建立客观、科学、公平的学生全面发展的评价体系。表现性评价应该是随着学习课堂的发展而发展的，先有学习课堂，然后才有表现性评价，表现性评价指标反过来又促进学习课堂的生成。其操作模式（如结构图5-2所示）要建立相应的较为完善的语文表现性评价指标和学生语文表现性评价手册。结合新课程的要求，实施评价的主要形式分日常性评价和终结性评价两大模块七类方式。

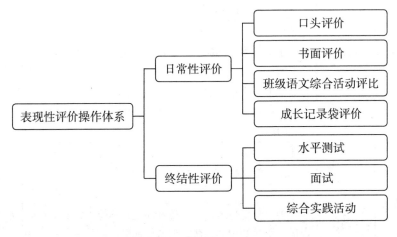

图5-2

（五）修改完善中凸显了表现性评价的课堂特质

表现性评价以"促进教学发展"为目标，强调了评价的激励与调控功能。因此，在项目研究中，我们制定了《表现性教学课堂评价表》，以推动课堂教学中落实表现性教学，检测教学目标落实的程度，促使教师反思自己的教学，使教师明确自己在教学过程中，在促进学生敢表、乐表、善表方面的教学状况，学生在表真、表善、表美方面的优点和不足，以此来促进学生学习能力的发展，提高教学质量实现教育目标。

《表现性教学课堂评价表》的主要结构为三个维度、六个指标与八个评价要点组成。三个维度是教师的课堂表现、学生的课堂表现、教学设计与实施的效果。这三个维度体现表现教学促进学生"最佳表现"的理念，具有以下特点：

表5-5

执教人		班级		日期				
课题								
评价维度		评价要素		评价等第				得分
				A	B	C	D	
教师的教学活动40分	教学目标10分	教学目标准确（符合课程标准和教材要求）、具体，符合学生认知规律和实际，体现人文性		9—10	7—8	5—6	0—4	
	教学过程与方法30分	教学策略得当，教学行为符合表现性教学原理，能激发学生的学习兴趣，调动学生的学习积极性和主动性		22—30	15—21	8—14	0—7	
		注重培养学生能力和学习习惯，有计划地给予学生学习方法的指导，促使学生思维的发展						
		普通话准确，板书规范，能使用多种评价方式，使教学评价成为学生情感、知识、能力的增长点						
学生的学习活动40分	主体性20分	个体、小组表现时间充分、合理，参与方式多样，持续参与学习兴趣浓厚		15—20	9—14	3—8	0—2	
	主动性20分	学生善于独立思考，勇于质疑问难；能综合运用所学知识和方法，创造性地解决问题		15—20	9—14	3—8	0—2	

续 表

评价维度		评价要素	评价等第				得分
			A	B	C	D	
教学效果 20分	教学实效 10分	达成目标，体现学习过程，学生思维和能力得到发展，习惯得以培养，师生与作者情感共鸣	9—10	7—8	5—6	0—4	
	教学特色 10分	对文本理解有独到见解，文本处理有创意；能突破教学模式，教学过程在科学合理的基础上有创新，表现性教学运用熟练；具有艺术化的教学设计、教学手段、教学语言等	9—10	7—8	5—6	0—4	
综合评价			总分				
			评价人				

（1）评价内容

学生学习中的表现，是表现性教学评价的主要内容，通过对学生的学习表现来考量教师的教，即关注学生是怎样表现的。表现性教学评价标准中学生在课堂的"表现"包括"学生表现内容""学生表现广度""学生表现深度"以及"学生表现心理"等内容。同时，还关注了对教学过程的评价，既评价教师引导学生学习参与表现过程，是否为学生提供可能获得表现的经历，是否促进学生的最佳表现，教学目标指向、教学内容组织、教学方法匹配、教学过程的展开是否有利于学生的表现性学习。

（2）评价方法

不仅重视了课堂观察，还重视了课后收集有关信息。观察了学生在课堂中的表现情况（表现内容、表现广度、深度、表现心理），还观察了教师在课堂中的表现（表现性作业的设计、组织活动的过程、对学生表现的评价方式、教师的素养、教师的课堂机智）等。

（六）案例研究中确立了表现性评价的功能

表现性评价应该是全面的、整体的，不仅看学生语文学业的检测水平，更要看课堂教学过程中教师教的态度，学生学的态度，学生成长和进步的状况，学生学习的潜能和个性发展。因此，在实施表现性教学评价中要突出以下三点（见表5-6）。

表5-6

要素	特点	内容
评价目的	突出能力的发展性	实施表现性教学评时，必须充分关注培养学生的学科能力与一般学习能力，同时通过教学评价促进教师表现性教学的意识与能力，发挥评价在促进表现性教学上的诊断、指导与激励教师方面的功能
评价主体	突出学生主体性	表现性教学评价的实施要依靠学生，只有学生认真表现出了自己的水平，才有可能获得真正的评价；只有学生参与自评与互评，通过评价参照对象发挥评价的学习功能、发展功能；只有教师以正确态度对待教学评价，才能激励教师发挥教学过程中的角色作用
评价方式	突出形式多样性	表现性教学评价由于师生教与学的表现方式的多样性、复杂性，评价方式要与之适应。要依据目的，选择合适的评价方式：鉴定性评价、诊断性评价、过程性评价、非正式评价

教师力求做到教、学、评的和谐统一，引导学生从求知到探索的转变，力求改变过去那种被动应付、机械训练、死记硬背的评价模式，努力营造让学生用自己的眼睛观察，用自己的头脑思考，用自己的语言表达，用自己的双手操作的开放式评价新局面。

四、成效分析

1. 满足了学校课程改革的需要

众所周知，儿童时期的学生富有表现的愿望，也是创新品质发展的良好时期。语文核心素养是一种以语文能力为核心的综合素养，其要素包括语文知识、语言积累、语文能力、语文学习方法和习惯，以及思维能力、人文素养等。它除了听、说、读、写、思五个方面的知识、能力之外，还要把文学审美、文化价值、思想价值等纳入，是学生学好其他课程的基础，也是学生全面发展和终身发展的基础。本项目就是基于语文核心素养的要求，从学生的认知，能力、习惯和个性发展等方面出发，在尽量合乎真实的情境中，运用表现性评分规则对学生完成复杂任务的过程表现或与结果做出判断。尝试"表现性评价"，在内容上，将基础型课程、拓展型课程、研究型课程三类课程进行统整；在教法上，将学习习惯、学习方法、学习能力的培养作为评价重点，将三者有意识地统整（见图5-3所示）；通过表现性评价方式的改变，建立了融合国家课程标准、区域学科要求、学校培养目标为一体，努力做到"知识与技能、过程与方法、情感态度与价值观"的统整，实现了一到五年级课程知识点的序列递进式纵向发展，从而有效促进分年段逐步落实语文课标要求，让学生在评价中学会"表真、表善、表美、敢表、乐表、善表"，是培养德、智、体、美、劳全面发展的学生，提升了学生的综合素养有效举措，它满足了学校课程改革的需要。三年来，语文组获市、区级各类比赛的团体奖或优秀组织奖共计24项。

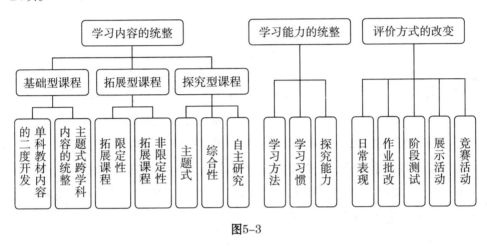

图5-3

2. 形成了语文表现性评价机制

三年多来，我们结合上海市绿色指标测试和金山区基础素养评估项目，从基础知识技能、综合素养评价和快乐活动评价等三个视角，根据语文三类课程的不同特点，按照评价的内容，采用不同方式的评价。在科学、规范评价机制的基础上，在语文教学中，进行创新思维的训练和创新学习的指导，培养和发展小学生创新学习能力，充分关注学生的个体差异和特色发展需求，对学生进行表现性评价，多元化的激励机制，为学生的个性发展提供了空间，在总结梳理中，形成了语文表现性评价机制（见图5-4所示）。强调了以能力表现为导向打破唯书面考试成绩的评价，把学生在基础课程、拓展课程、探究课程三类课程的表现进行综合评价，促进他们全面发展。

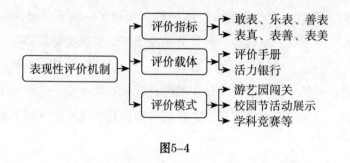

图5-4

（1）形成了"2+1+N"的评价模式

"2+1+N"的评价机制是一种实施综合性表现性评价的机制。综合性表现性评价采用"2+1+N"的评价机制，探索学科素养通过三类课程的综合性评价，以学科课程群为评价单位，以学生多方面表现出来学科能力为评价重点。"2+1+N"中"2"是指相关的基础课程与拓展课程群的学习评价、"1"是指探究课程的学习评价，探究课程并不是每门学科都可能开设，因此单列、"N"指出这些课程以外的相关学科的学习评价，例如校内外活动、竞赛的表现评价。通过这样的综合性表现性评价全面评价学生的学科素养。

（2）规定了语文素养评价维度

以表现性评价与其他评价相结合的评价机制。基础型课程改变考试内容与形式，注重学生的能力表现上的评价，改变把学科考试分数作为评价学生和教师的最终评判依据的做法。拓展型课程要形成学科群结构的课程结构，以便将学生拓展课程学习状况与学习表现，纳入"学科素养综合评价"。探究型课程将按照学生学习内容指向的学科，纳入"学科素养综合评价"。在日常教学活动中借助真实性评价、教师、家长及同学的合作评价、自我评价、成长记录袋评价、测试等方式，获取反映学生学科学习过程和结果的资料，评价学生的基础素养，采用定性概括和具体描述相结合的方法，认真填写《金山区小学语文学科基础素养评估报告单》（见表5-7所示），力争客观反映学生学科诸方面素养的发展水平与态势。

表5-7

内容		日常表现				教师留言 （学习特点描述及建议）
知识 技能	积累					
	阅读					
	习作					
	实践					
综合 实践	作业					
	合作					
	交往					
兴趣 习惯	听讲					
	读写					
	爱好					
使用 说明	评估报告单的使用说明： 《金山区小学语文学科基础素养评估报告单》要求填写学生三个维度10个方面的学科表现。我们可以根据一级评价内容，采用的是分项评估、等第记录的方式，进行过程性评价，而不是给出一个总的等第。例如： ［知识技能］栏目是根据教材和教学进度，分第一、二单元；期中；第三、四单元；期末四个阶段，根据知识素养的质量检测情况，进行记录。在记录检测结果时，请严格执行新课程标准的有关文件精神，低年级严格控制考查密度，中高年级考查一学期不超过4次；每次检测（或考查）后的结果分栏目填写在"积累""阅读""习作""实践"四个板块中 ［综合实践］栏目是在观察学生参加综合实践活动的表现、综合实践活动任务单的完成质量和学生的合作、交流、分享等情况后做出的综合评价，其记录频率为每学期，期中和期末2次（前半学期、后半学期各一次）；评估依照相应年级的考察量表及评估方法，分"作业""合作""交往"三个板块记录评估结果，评估应结合日常教学 ［兴趣习惯］本套量表根据《中小学语文课程标准》结合金山区具体情况编制，用于评估学生语文学习的兴趣习惯；栏目项目则是采用每日观察，每周评比，每月考核方式记录学生听、说、读、写、爱好等学习习惯，每学期汇总2次（前半学期、后半学期各一次）；评估依照相应年级的考察量表及评估方法，分"听讲""读写""爱好"三个板块记录评估结果，量表采用目标参照模型，学生若达到指标所描述的状态，即可给予最高等第；评估应结合日常教学，以学生的表现为依据，力求客观。三项内容不必同时记录，其目的是以此激励学生自觉养成良好的学习习惯的形成

使用说明	［教师留言］栏目是用于记录学科教师对学生一学期来学习表现的定性描述。一般在期末填写，主要描述一学期来学生学科素养发展的突出表现，指出明显不足并提出建议。借此来观察一学期来，每个孩子语文学习各个方面的表现，这是一份诊断报告单，其作用旨在发挥评价"诊断""激励"的本质，因此，在撰写时不能仅拘泥于知识领域；应该涉及到各个方面，观察学生的变化态势，是一个成长记录册

（3）分类实施了表现性评价

表现性学习要实施多元、多方法、多途径的评价，发挥评价促进学生发展、改进表现性学习的功能，使评价的结果转化为激发学生学习与表现的动力。为了多角度、多元化地评价学生的学业成绩，项目组通过对"知识技能""综合实践""兴趣习惯"三位一体板块评价的整合，建立了一套校本学科评估体系，从评价内容的综合性、全面性、分层性考虑，努力做到学科间有效资源的整合，让处于不同学习层次的学生都能感受到教师评价的真诚和有效引领，在伙伴互助学习中，用表现性评价激励、激发学生的学习潜能，提升学生的学科素养。

常态化评价——促进兴趣习惯的培养项目推进过程中不断加强过程性、表现性评价的研究，特别是对项目中"兴趣习惯"板块的有效落实进行了深入研究。在实际操作中我们发现，"小红花""五角星"等奖励对促进学生养成良好习惯有一定作用，但激励作用持续的效果不长。经过多方调研，项目组根据小学生爱玩游戏的特点，设计了"学习储蓄卡"（见表5-8《学习"储蓄卡"存取细则》），以"学习金币"累积的形式来记录学生日常的学习表现。又建立了一所学力存储虚拟银行——"活力银行"，"存的是习惯，储的是兴趣"，并以兴趣习惯评价细则作为银行的"存储细则"，同时将评价标准和奖励依据以"存款取使用说明"的形式，将学习兴趣、良好习惯与表彰奖励有机地结合，建立起多元的学科评价体系，努力培养学生良好的学习习惯，增强学习的动力。

学科评价——检验学习目标的落实我们立足课程标准，基于课标，根据学生的年龄特点和学习基础等因素，设计各年级的培育目标，并以"单项评比"的形式进行检测，以此提升学生语文核心素养。如，一年级的孩子入学后，首先培养的是良好的学习习惯，端正写字、读书姿势尤为重要，学校就安排了一年级的"读写习惯"验收，第二学期则是对学生拼音能力的验收；升入二年级，学校侧重的是对学生的朗读能力和字词积累进行检测；而对于中高段的孩子，学校也分别安排了课外阅读和写作能力的检测。同时，学校搭建"读书节"平台，通过小擂台竞赛，开展一系列学科知识技能展示活动，进一步提升学生的学科素养。

综合评价——创新多元评价的模式针对不同年级学生年龄特点和心理发展的规律，学校注重开发多样化和灵活性的评价手段，使评价呈现过程性、表现性、统整性等特点。

表5-8

存储项目		存款细则	币值
兴趣习惯	听讲习惯	认真听老师和同学说话，不随便打断他人发言，逐步养成边听边思边记的习惯	1-4
		发言先示意，能说普通话，话说完整，声音响亮，能积极思考并乐意说出自己的想法	1-4
	读写习惯	能自主认读课外字词，养成随处识字的好习惯	1-4
		能用正确的书写与握笔姿势描写或书写，字迹端正。逐步养成按时完成、及时订正作业的习惯，簿本整洁	1-4
		在老师的指导下读课文，音量适当，不拖调，不加字漏字	1-4
		能独立阅读绘本或注音读本，并背诵经典诗歌	1-4
	兴趣爱好	对某一项语文活动有浓厚的兴趣	1-4
		有突出表现	1-4
使用说明	存款说明： 1.每栏单项评价"好"可存4枚金币，"比较好"可存3枚金币，"一般"可存2枚金币，"基本做到"可存1枚金币 2.积满30个金币可兑换1枚福利章		
	取款说明： 4枚"福利章"做学习小明星，张贴照片树榜样 3枚"福利章"兑换心愿卡一张，在老师和家长能够接受的范围内，完成你的一个小小心愿 2枚"福利章"可换一份学习礼品		

例1：以"游园争章"模式，创新实施学科评价

学校对低年级学业评价做出了大胆改革，探索形成了"游园争章"式学业评价模式：各学科依据课程标准，设计本学科"游艺园"学科综合评价活动方案，方案设计包括"活动目标""活动内容""活动评价""活动准备""注意事项"等内容，活动设计要注重学科性、趣味性与分层性，提倡学科统整性。评价活动当天，学生凭借手中的"游园卡"（即评价反馈单）到各"游园室"（每个学科各有一个游园室）进行考察，按学生的表现水平获得不同数量的奖章。活动结束后，各学科整理学生"游园卡"获得奖章的情况，对学生的学科素养做出评价。"游园争章"评价注入了分层性和统整性的特征，一门学科可能涵盖了多门学科的考查。如，美术学科中融合语文学科的口头表达能力的评价，学生在完成"流动的汽车旅馆"的基础上完整表述自己的创作意图就能得到超级奖章。

例2：以"等第制"评价模式，摆脱传统分数评价束缚

项目实施过程中，以真正的"等第制"取代对学生学业的分数评价：学生的每一份试卷已没有了分数的痕迹，只有学科素养的等第。类似于"体检报告"的"学科基础素养评估报告单"显示的是学生"知识技能""兴趣习惯""综合实践"等方面的10项指标的情况，全部用A、B、C、D记录。"教师留言"则是教师解读学生10个方面的表现，指出优点和不足，并提出建议。这是真正的"等第制"，它意味着学校、老师不再单以学习成绩高低评价学生能力，而更侧重综合评价。只有这样，才能对学生更客观全面地评价，才能更有利于增强学生自信心，促进学生提高综合素质。

3. 提升了学生的语文素养

在项目研究中，我通过文献和问卷调研等现状分析，总结梳理语文课程改革中存在的问题，根据课程标准、学校的理念、学情和学校对教师和学生的发展愿景，探索语文素养的培养目标，把语文知识、学习习惯、创新能力等作为教学中培养和训练的要求，落实到教育教学的各个评价环节，并把它们也作为语文综合素养评价的指标，编写了《金山小学学生基础素养评价手册》。通过开设"活力银行"存储"学习币"的形式，来激发学生的学习兴趣，养成良好的学习习惯，通过丰富学生的学习经历，使实验班的学生语文素养快速提升。（见表5-9）

表5-9

小样本抽检		一2	三2	五2
学好汉语拼音 能讲好普通话	优秀	20	26	20
	良好	15	10	12
	较好		4	8
	合格	5		
	需努力			
自主识记汉字形 高效纠正错别字	优秀	10	15	15
	良好	15	10	10
	较好	10	8	5
	合格	3	11	5
	需努力	2	1	5
自觉参与口语交际 倾听理解主动表达	优秀	20	15	10
	良好	10	10	15
	较好	10	5	10
	合格		5	3
	需努力		5	2
阅读悟性 善思勤积累	优秀	10	12	15
	良好	15	12	10
	较好	10	9	8
	合格	3	11	5
	需努力	2	1	2
自制克难会审题 专注习作能修改	优秀	5	15	16
	良好	15	10	14
	较好	10	10	5
	合格	5	2	3
	需努力	5	3	2
坚持综合学习 拓展学习天地	优秀	13	16	18
	良好	12	14	12
	较好	10	5	5
	合格	5	3	3
	需努力		2	2

我们在本项目推进过程中，改变了之前语文教材知识孤立、缺少关联的现状，采用了"同步学，异步达标"的开放性分层评价方法，旨在让优等生"吃得饱"，学习困难学生"吃得下"，并将评价内容与学生的生活实际紧密相连，形成学习网络，做到得法于课内，运用于课外，学以致用，活学活用，这样既减轻了学生的学习负担，又让学生体验到了学习的价值，让童年的学习充满童趣、童真。三年来，学生在市、区级语文类比赛中，共计获奖103人次。

4. 提高了教师的专业素养

本项目研究的重点就是：克服唯知识的教与学，凸显以能力为主的素养，改变评价和评价形式，设计符合新课程理念的表现性语文评价。项目研究中，教师们从关注自己的教学方式转变为关注学生的学习方式，学习能力的培养，从教师如何"教"转变为学生如何"学"，引导到学生自己去获得知识，让学生学会学习，个性得到全面发展。实验组教师采用表现性教学评价方式，分步落实学科知识，这不仅优化了课程资源，还使教师从"教教材"逐步转变为"用教材"，教师渐渐地把学生的需求放在重要的位置，能更多依据学生的需求调整教材的逻辑顺序和知识结构，从一个教材的"实施者"，转化为"设计者"。

从2018年至今，我们先后创编了《小鬼当家闹新春》和《"小小观察员"训练营》跨学科主题式语文实践活动；《创意阅读与表达》1—5年级语文校本作业；《奇妙生活馆》和《趣味语文》1—5年级语文综合实践活动。老师努力为学生提供丰富多彩的、发展为本的学习空间，引导学生关注生活，积极地学，灵活地学；利用多样化评价，帮助学生掌握知识，解决实际问题，培养学生创造性思维能力；通过评价任务的完成情况，帮助教师检测教学效果，这对学生的语义学习起到一个导向作用，以此来提升学生的语文综合素养。在推进过程中，教师的专业素养和课程执行力明显提升，三年来，语文教师在市区级各类比赛中，共有获奖80人次。

5. 语文教学质量显著提高

通过表现性评价项目的推进，我们实现了基础知识和技能的考查采用口试与笔试相结合、卷面考查与动手能力相结合、平时检查与期末考查相结合的办法，这样既让学困生减轻了学习压力，又为优等生的脱颖而出创造了机会。在上海市绿色指标测试中，我校学生的语文学科能力维度，很多项目高于上海市的平均分，数据证明了该项目的可行性和价值所在。

五、问题思考

我们根据区"小学生基础素养综合评估"与"基于课程标准的教学与评价"项目研究要求,以《基于小学语文核心素养的表现性评价研究》项目为抓手,立足于实践,我们注重的是研究的过程,强调的是在实践中反思,在反思中改进,在改进中总结,形成循环交替、螺旋上升的研究方式。在未来我们还将努力做好以下几件事:

1. 未来努力实现"五个一"的建设

确立一个学校课程评价理念;建构一个学校的评价体系;创建一套评价管理制度;打造一支研究型教师队伍;培养一批具有表现性特质的钱小阳光少年。

2. 继续尝试《"小小观察员"训练营》项目化学习

观察小达人综合实践活动是我们诸多评价案例中的一种,未来我们将继续探寻如何将国家课程校本化,为不同学历的孩子搭建不同的学习支架,激发他们的学校兴趣,培养良好的学习习惯和自主学习能力,在活学活用中,提高他们解决生活中实际问题的能力,让每个孩子都敢表、乐表、善表、表真、表善、表美,提高综合素养是我们不变的追求。

3. 尝试跨学科使用《奇妙生活馆》综合实践活动任务单

针对我校学生大多来自外地,家庭条件差,眼界比较窄,处理日常事务的能力比较弱的特点,我们用表现性评价方式编写了1—5年级《奇妙生活馆》语文综合实践活动任务单,希望通过一系列的生活情景问题,引导学生去观察生活,尝试运用各学科课内学过的知识和本领去解决课外的生活问题,让孩子在实践体验中丰富学习经历,提升综合素养,为将来健康、快乐地融入社会打好基础。

一路走来发现:表现性评价研究应该立足服务于受教育者的心理需求,从小学生渴望被关注和表扬的心理特点出发,淡化或没有了甄别和选拔的功能,这主要是为了激励学生,促进学生的发展,成为激励学生上进的机制,让每个学生树立起自尊心和自信心;让教师的爱体现在一个个可感知的动作、语言上,让学生生活在爱和希望之中,这样才能保持学生多种兴趣的持续增长和良好品格的逐步形成。让评价成为师生彼此亲近的中间地带,教师要改变评价语言的角度,自觉将自己作为学生成长中的引导者,朋友,因人而异,体现明显的个性特征,形成指导性、谈心性、激励性评价模式。

基于小学语文核心素养的表现性作业设计探索

一、研究背景

（一）国内小学研究的述评

1. 国内现状分析

《基础教育课程改革纲要》中对课程改革的目标作出了明确的规定："要改变机械训练的现状，倡导学生主动参与、乐于探究的学风，培养学生获取新知识的能力、分析和解决问题的能力以及交流与合作的能力。"但是，在现实教学中，我们的学生却整天埋头于"作业堆"中，作业形式简单枯燥，训练要求统一，浪费了学生大量的课外时间，忽视学生的个性化发展和思维能力的训练和提高，打消学生的学习热情和积极性，甚至严重影响了学生的身心健康，导致厌学心理的产生，因而直接影响了教学质量的提高，极大地阻碍了素质教育的推行，"减轻学生课业负担"成为广大家长和学生的共同呼声，作业改革迫在眉睫。

近几年，国内教育者加大了对同类课题的研究力度，发现致力于此项研究的老师也很多，如钱理群等当代著名教育大家提出的语文素养培养的目标、任务、途径，姚竹青老师的大语文教学观，行动研究、经验总结等研究方法。特别是《九年义务教育语文课程标准》在论述语文课程的性质和地位时指出："语文课程应致力于学生语文素养的形成和发展。"以后，很多学校对作业做了有益的改进尝试，要求作业必须面向全体学生，使学生获得基本的语文素养。在实施素质教育及新课程改革的大背景下，全国各地许多学校潜心提高和培养学生语文素养，在作业设计方面已经积累了丰富的经验，诸如"开放性作业""主体性作业""发展性作业"等创新设计也层出不穷，在丰富作业形式、激发学生作业兴趣方面取得了不少宝贵经验。但距离新时代学生发展的需要，距离新课标的目的和要求，还需要加大实验和研究力度，大力培养，全面提升。

2. 国外现状分析

西方一些教育先进国家的课外作业形式改革，对我们有很多启发和借鉴的意义。如英国中小学生课外作业主要有四种类型：一是实践作业，即指有教师指导的各种实验、独立观察、独立完成美术作品及各种动手能力的测试；二是书面作业，即指客观性测试，其形式有回答简答题、抢答题、写随笔、论文、观察报告、评论、调查报告、科研项目等；三是口头、听力作业；四是表演作业。

如美国教师经常设计一种贴近生活的课外作业，他们认为应当鼓励学生在实际生活中运用课堂上所学的知识，达到学以致用；当学生们意识到所学的知识很快能运用到现实生活中，实现自己所学知识的价值时，那么，学生就会觉得课堂上所学的知识对他们来说特别显得有意义。

又如在日本，中小学生家庭作业非常关注学生生活的实际。如教师布置给小学生的家庭作业："自己设计自己的郊游""和三个以上的小朋友一起玩""听老人讲发生在过去的故事"等等。

基于上述情报分析，我们认为传统的作业设计对学生基础知识，基本技能方面的训练有一定的优势。但整齐划一的作业往往禁锢住了学生的发散思维。活泼有趣的创意探究作业深受孩子喜欢，但是要完成此类作业需要很多基础知识的支撑。因此如何将这两者有机整合，采用各种表现性作业形式，实现知识与能力的转换是本次研究的重点。

（二）研究的理论价值

1. 适应教育转型的需要

《国家中长期教育改革和发展规划纲要（2010—2020年）》提出："要把减负落实到中小学教育全过程，促进学生生动活泼学习、健康快乐成长。学校要把减负落实到教育教学各个环节，给学生留下了解社会、深入思考、动手实践、健身娱乐的时间。要提高教师业务素质，改进教学方法，增强课堂教学效果，减少作业量和考试次数。培养学生学习兴趣和爱好。"同时，《语文课程标准》也明确提出："语文课程的目标是全面提高学生的语文素养""教师要精心设计作业，要有启发性，分量要适当，不要让学生机械抄写，以利于减轻学生负担。"面对上海基础教育的转型发展，我们产生了本课题的研究思路，以改革学生的语文作业方式为核心，将作业的主动权还给学生，让学生积极主动地投入到学习中来，在完成作业中学习，在学习中成长，通过多样化的表现性作业，培养学生的动手能力和创新精神。采用表现性评价，让学生敢表、乐表、善表。

2. 解决课程改革的需要

根据《小学教育学》的理论，我们说学生作业的直接目的在于巩固所学内容；组织好学生作业的布置和批改工作，对于培养学生良好的学习态度、学习习惯和学习方法，锻炼和提高他们的智力和各种能力，都具有重要作用。在表现性语文作业设计中，要以培养和发展学生的主体意识为出发点，为学生提供自我表现的机会，激发学生的创新意识，培养学生的学习兴趣，变"要我学"为"我要学""我乐学""我会学"。

我们的研究主要是想解决教学中最重要的一个环节作业的设计和评价。它是课程改革的一个重要组成部分，它贯穿学生学习活动的始终，是一种有目的、有指导、有组织的学习活动，是学生学习情况反馈的第一手书面材料，是提高学生素质的重要载体，最能凸显学生自主学习的能力，最能真实反映学生的学习过程，是不应忽视的形成性评价内容。

（三）研究的实践意义

1. 落实基于课标的教学与评价改革的需要

近几年，随着上海市基于课标的教学与评价的整体改革的推进，金山区基础素养综合评估项目的推广，我们清楚意识到："建构适合学生发展和学校特色发展的课程体系，提升学生的基础素养的要求"是全面落实素质教育的重要举措。

因此，本课题研究的重点是：克服唯知识的教与学，凸显以能力为主的素养，改变作业和评价形式，设计符合新课程理念的表现性语文作业，引导学生关注生活，积极地学，灵活地学；利用多样化作业，帮助学生掌握知识，解决实际问题，培养学生创造性思维能力；通过评价作业的完成情况，帮助教师检测教学效果，对学生的语文学习起到一个导向作用，以此来提升学生的语文综合素养。

2. 适应学校"表现性"课题研究的需要

近几年，我校提出了"加强课程建设，创办特色学校，培养阳光少年"为主基调。构建了"以金色童年为价值取向，以丰富性、表现性为特征"的金色童年校本课程，在龙头课题《基于金色童年课程体系下的表现性学习的实践研究》的引领下，以实施素质教育为主线，设计各类表现性作业，尽量满足学生成长的需要，让他们学会"表真、表善、表美、表新"，让童年的学习充满童趣、童真。

本课题的确立，首先是继承了《基于金色童年课程体系下的表现性学习的实践研究》的研究成果和经验。其次，在继承前人的基础上，根据学校教师的情况在研究内容、研究方法等方面进行适当调整，选择我校亟待解决的问题进行研究。最终想通过研究，改变现有作业形式和评价方法，采用"同步学，异步达标"的分层作业布置形式，让优等生"吃得饱"，学习困难学生"吃得下"，希望在研究的过程中，寻找到适合我校教师和学生有效作业设计和评价的途径，以期达到全面提升小学生语文素养的最终目的。

3. 满足各类学生个性发展的需要

上海二期课程改革的特点，从关注教师的教学方式向关注学生的学习方式转变。把教学着力点从教师如何"教"转变为学生如何"学"，引导他们自己去获得知识，让学生学会学习。在课堂教学改革中学生作业这一环节如何体现，如何通过学生作业内容和形式的个性化设计改革来巩固课堂教学效果和培养学生自主学习的精神，是深化课堂教学改革不可回避的问题。多样化作业的设计是这次课堂教学改革的一个重要组成部分。

本课题研究的作业是一种新颖的学习方式，其内容以各类表现性学习单的形式呈现，教师力求做到教、学、评的和谐统一，引导学生从求知到探索的转变，力求改变过去那种被动应付、机械训练、死记硬背的作业模式，努力营造让学生用自己的眼睛观察，用自己的头脑思考，用自己的语言表达，用自己的双手操作的开放式作业新局面。

二、研究目标

（1）通过本课题的研究，帮助语文教师在实践中转变语文作业设计观念，做到尊重学生的个别差异，尊重学生个性化的学习方式，真正成为学生"学习活动的引导者和组织者"。

（2）通过本课题的研究，树立适应语文新课程理念的作业观，构建实现课内外联系，校内外沟通，学科间融合的语文作业设计体系，从而优化语文学习环境，让语文作业成为培养和发展学生语文素养的一座桥梁。

（3）通过本课题的研究，让学生从课内走向课外，从书本走向生活，从统一走向多元，在完成不同类型的作业的基础上，获得不同程度的成功，并在作业过程中，学会与他人合作，学会学以致用，学会在实践活动中检验知识，获得全面、主动的发展，最终为自己的终身发展奠定良好的基础。

三、研究成果

（一）问卷调查中，分析语文作业现状

通过学生问卷调查，我们收集了大量与本实验项目有关的各种资料。通过调查小学生喜欢什么类型的作业，他们完成作业的态度、质量、效率和作业负担等内容，我们发现多样化的作业形式可以激发学生的学习兴趣，好的作业评价方式可以改变学生的学习态度。因此，如何以生动形象的形式提高学生的作业兴趣，寓知识的掌握和技能的训练于多样的练习之中，如何改变以往单调乏味的抄抄写写、读读背背、做做练练等以书面作业为主的现象成了我们研究的重点。

通过调查新课程标准下，教师对作业要求的理解程度，及作业观、作业设计的水平与技能等，发现如何根据学科特点，更多地引入口头作业、体验性作业，设计适应学生的心理特征，赋予作业丰富、积极的变化，以生动形象的形式提高学生的作业兴趣，寓知识的掌握和技能的训练于多样的练习之中尤为重要。引导学生在画（文中美景）、演（课本剧）、制（学具）、创（想象写话）中，激发他们学习的热情，使之更乐意自觉地参与活动，完成生动活泼、精彩纷呈的作业，从而提高语文的综合素养。同时，教师可以根据作业的难易程度和实际需要，允许学生可以自己独立完成，也可以几个同学合作完成，甚至可以请家长、老师、能给予帮助的人来共同完成，顾及各层次学生的学习，让每一位孩子跳一跳能摘到果子，增强孩子学习的自信心。

（二）实践过程中，诠释课题核心概念

小学语文作业：指小学一到五年级的课内、课外作业，既有口头的也有书

面的；既有知识、能力，也有情感、态度、价值观；既有单项的也有综合的；既有教师设计的，也有学生自主创意的各种实践形式。

多样化："多样化"是本项目研究的核心，它贯穿于研究全过程，师生通过设计各类课内、课外的口头或书面作业，将知识、能力、情感态度、价值观等内容，设计成单项或综合形式，以学生的发展为出发点和落脚点，引导学生自主探究、注重养成创新实践的精神。

表现性：即把长期以来重记忆、重技能、重传承的传统作业训练转变到自主探究、注重养成、创新实践的轨道上来，以学生的发展为出发点和落脚点。表现是本项目研究的核心，是灵魂，是让孩子"敢表、乐表、善表"贯穿作业研究的全过程，在实践中促进知识向能力的发展，促进学段之间的递进发展，促进"三维"教学目标的一体互动发展，促进不同层次学生的不同起点的发展，促进每个学生的各种潜能的发展。在这一实践过程中，学生的语文综合素养得到全面提升。

表现性评价：语文作业评价是促进学生语文知识的掌握、能力的提高、情感体验、语文素养养成的常规环节和重要手段之一。评价的诊断反馈功能、激励功能、发展功能和评价的导向功能，贯串于识字与写字、阅读、写作、口语交际和综合性学习的作业练习的全过程。研究的着力点是作业的轻负、高效，目的在实践中促进语文知识的掌握、能力的提高；促进不同层次学生在学段之间的递进发展；促进不同起点的学生在情感体验中互动交流，提升每个学生的语文综合素养。

（三）总结梳理中，创编校本作业

传统作业在训练学生时，往往忽视思维训练，作业机械地重复，单调地以写为主，这样不利于激发学生求知的欲望，不利于学生思维的发展。为了改变这一局面，我们在设计表现性作业时，立足课本，放眼课外，放眼社会，充分利用教材中的教学元素，进行学习方法的指导。作业的内容有的与教材内容相联系，有的与学生生活相结合，还有的与社会活动"接轨"，利用教材中富有创造性的因素来布置作业，促使学生多方面、多角度、多层次地去探索、去发现，利用课内学到的知识和学习方法去解决课外语文问题，以此来培养学生的语文能力。形式上，讲究活动内容、形式的趣味性，让学生根据自己的爱好、特长和表达的需要自由选择，使学生一看作业，就跃跃欲试，引导学生动用自己的知识和能力储备,甚至结合其他学科所学知识来完成作业,触类旁通,达到学科间的整合,以此,来提高学生的语文综合素养。

1. 基于课标和学情,丰富作业内容

新课标告诉我们:"语文的学习要面对生活,应该积极拓宽语文学习和运用的领域,使学生在不同内容和方法的相互交叉、渗透和整合中开阔视野、提高学习效果,从而获得现代社会所需要的语文实践能力。"我们本着"少做精练,精讲精练",真正实现课堂教学的减负增效的原则。根据语文学习内容的丰富多彩的特点,充分开发课程资源,力求把课本上的语文转换为学生学习中的语文,针对"识字与写字""阅读""写作""口语交际""综合性学习"作业的设计和布置,既注意到语文听说读写各种能力的综合运用,也注意到了语文学科的工具性、社会性和实践性,采用螺旋上升式的方式选择内容,把课内与课外,校内与校外,语文学科与其他学科相结合,把语文学习和学校德育活动、学生生活相融合,以切实提高学生的语文综合素养为目标,努力探索比较系统的小学语文作业设计策略。

例如在分层作业的设计中,我们的作业来源主要有三种:一是选择布置课后练习题。教材中每篇课文后都配有相应的习题,重点难点体现得清清楚楚,只需要根据学生情况选择布置即可。二是配套的练习册。题型广,变化多,选择的余地也大,可作为课后练习的补充和拓展。三是自编练习题。从不同难易程度出发考查同一知识点,层层递进,题题相扣,给较高层次的学生指明思路,拓展思维。题目的难易度、灵活性较大,有利于学生的举一反三和方法的综合运用,有助于培养思维的广阔性和深刻性。

2. 基于课标和学情,创新作业形式

课程改革积极倡导新型的学习方式,要求教师要让学生在已习惯了的接受性学习以外,学会探究性学习,要鼓励学生自己探究问题,探索解决问题的方法,寻求答案;要鼓励和帮助学生在探究之中尝试不同的方法,摸索适合于自己的获取新知和能力的途径。因此,我们设计的作业形式应该形式灵活多变,不拘一格,听、说、读、写、演、画等训练有机结合。可以采用文字式、口头式、网络式,可以有调研式、实践式、反思式等形式。作业设计的参与者可以是教师布置,学生自主布置,学生互编作业,家长参与布置等形式。

例如,尝试性作业:新课程标准提出,要充分激发学生的主动意识和进取精神，因为学生是学习的主人，发展的主体。自主学习是基础，若能长久地让学生主动地学，学有所得，那他会越学越爱学。如学习课文《一个小村庄的故事》之前，我要求学生通过阅读有关书籍、上网等方式搜集环保方面的资料。结果，学生搜集的资料很多，有精确的数据，生动感人的故事，触目惊心的图片等等。这一作业训练，不仅培养了学生搜集、整理、吸收信息的能力，而且使学生认识到了环保的重要性，并为学好课文打下了坚实的基础。另外，让学生自己设计作业也是培养学生自主的训练策略之一。如在一个单元的课文学完后，我指导学生自行出卷。学生的积极性很高，钻研书本，相互讨论。题型的新意及重点的把握都令人吃惊，主体性得到了充分的激发。同时，在出卷过程中，学生掌握了更多的知识。这样的尝试性作业，如同一朵朵斑斓的小花，散发着迷人的芬芳，"勤劳的小蜜蜂"自然会乐此不疲。

实践性作业：新课程认为"语文是实践性很强的课程，应着重培养学生的语文实践能力，而培养这种能力的主要途径也应是语文实践。"可见，我们应该让学生更多地直接接触语文材料，在大量的语文实践中掌握运用语文的规律；为学生创设真实的或虚拟的交际环境，指导他们去实战演习，让他们充分利用生活，使之获得现代社会所需要的语文实践能力。如本学期，有些学生的卫生意识还没有完全跟上学校的要求，总让人觉得有些地方还不够整洁。于是，我建议学生给全校同学写一封建议书，呼吁大家都要讲究卫生、爱护校园、美化校园。再如给出差在外的爸爸、妈妈或远方的亲戚写一封信，诉说思念之情，谈谈自己的学习、生活情况；为自己竞选班干部，准备好演说词；节日期间去外公外婆家，送去一份祝福；当小记者去采访一些老人，关注家乡的变化。这些作业既能让学生学以致用，把课内知识与语言表达有机结合起来，又能培养学生与人交往、了解社会的能力。

合作性作业：积极倡导合作的学习方式是《语文课程标准》的重要理念。让学生采用小组合作学习的形式，群策群力完成作业，能有效地培养学生的合作意识、创新精神。如为庆祝祖国妈妈的生日，小组合作出一份手抄报，并进行评比。小组内成员从版面设计、选择材料到誊写、美化，分工合作，齐心合力。图文并茂、色彩鲜艳的一张张小报便在他们手里诞生了。

总之，创新作业形式不仅是对学生课内所学知识掌握程度的检测，而且要丰富学生的生活体验，拓宽学生的认知领域，要能培养学生合作、探究精神，能提升语文综合素质的作业观，这样不仅可以让学生在快乐中学习，还可以在学习中享受快乐。

3. 基于课标和学情，分层落实作业

学生在智力水平、兴趣爱好、学习能力等方面的个体差异是客观存在的。在设计作业时，教师要充分考虑到好、中、差三种不同程度的学生，设计和布置作业针对学生的个体差异，力争使每个学生在适合自己的作业中都取得成功，获得轻松、愉快、满足的心理体验，采取"同步学，异步达标"的策略。日常除了统一布置的基础作业外，还要适当"放归"作业自主权，提供选择的空间，（包括自主设计型、自主选择型、自主评价型、自主探索型、自主体验型等作业）可以根据学生的个体情况、发展要求的不同，有意识地设计不同难度、分量适宜、类型多样的作业，将作业布置成像超市里的商品那样，让学生自主选择；可以在一个大题目后面设计几类作业，让不同层次的学生自由选择适合自己的那一组作业，摘到属于他们自己的"果实"，力求让每个学生在适合自己的作业中，都取得成功，获得轻松、愉快、满足的心理体验，使作业既有统一要求，又能兼顾到不同类型的学生，摘到属于他们的"果实"，促进学生差异发展。

例如：［A层］基础练习：重在基础知识和基本技能的操练，如生字、词语、课文背诵等巩固练习，主要适合于基础较差的"学困生"。［B层］发展练习：重在对知识的理解和简单的运用，主要适合于中等生。［C层］创新练习：题型灵活多样，偏重于理解感悟、想象拓展、综合运用，一般适合于优秀生。这三个层次的作业，难度系数一个比一个高，布置作业时，将学生的作业分为必做题和选做题。必做题作业面向全体学生，重在巩固基本知识，达到新课标规定的基本要求；选做题作业面向优等生和部分中等生，重在培养他们的运用、实践能力和创新能力。

这样做法适应了各个层次学生学习的需要，激发了学生的学习兴趣，培养了学生自主学习的意识和习惯，尊重了学生的个体差异，提升了学生的语文综合素养。

（四）创新尝试中改革作业评价

1. 评价标准的多元化

为了使作业评价更有针对性，我们制定了语文学科学生学习能力目标体系。（见表5-10）梳理了各年段学生应学会、掌握哪些学习方法；学生自主、自理、自律能力的培养目标序列，明确了这些能力的训练分别应该达到什么程度；在不同的阶段，应对学生进行哪些方面的心理训练等。在教师指导下，学生利用各种学习条件和途径，有目的、有计划、独立自主地完成作业的过程，是提高学生语文学习能力的过程。作业的完成情况能有效真实地反应出学生语文能力是否得到发展，并以此来改进我们的教学。

表5-10

能力目标	具体要求
学习的主动性	使学生对学习内容和活动产生浓厚的兴趣，从内心产生强烈的学习动机，想学、愿学，积极主动地去学，把学习变成学生主动满足自己需要的过程
学习的自主性	使学生能够自主地确立学习目标，自觉地独立学习思考，解决问题；能够进行自我评价和反馈，在目标和方法上进行自我调整；在学习完成作业过程中不断进行自我激励。培养学生的自律性——在学习和活动中，能够理解并按照一定的标准和要求（规则）进行自我约束，自我控制
实践运用能力	使学生逐步掌握学习方法，学会学习——学习不仅仅是动脑、动眼，更强调动手操作；知识的学习不仅仅局限于课内，培养学生主动摄取新的课外知识的动机和能力。因此，课堂教学更强调学习方法和习惯的教育
自理能力	在学习和生活上养成自我管理的意识和习惯，使能够进行自我管理
创新意识	包括培养学生的好奇心、强烈的求知欲、发现问题的能力、不满足于现状不断地积极探求的意识、求新、求异、求变的意识、思维的批判性特征、丰富的想象力、挑战精神、冒险精神等等
良好心理品质	过去曾受到忽视的爱好、性格、意志、情感、情绪、交往、自我、信念等非智力的心理品质训练作为作业设计目标之一，以此来塑造学生完美的人格

2. 评价方式的多元化

（1）呈现形式多样化

在评价方式上，我们可以设计出灵活多样的多元化评价，取代单纯的检查式评价。除了通用的检查型以外，还可以用展示型的、汇报型的、交流型等等。在评价语言的表现形式上也可以是多元的，比如：采用鼓励性的评价方式，对的作业就打"√"，错的作业不打"×"，而是用线画出来或用圈来表示，有时可以附上一两句鼓励性或指导性的评语。变分数制为等级制，也可采用有趣的图案。如：写得差的作业就画个可怜的苦脸，写得好的作业就用一个笑脸，写得非常好的就是一个"开怀大笑"的大笑脸，而写得一般的则用一个没有表情的脸等等。

（2）评价过程短频快

大多数学生很难一次就将作业做得很满意，但是每个学生都希望得到赞扬与鼓励，都希望获得成功，所以几乎每个学生一拿到作业本就会翻开看教师的评价。对学生的一次作业进行多次评价，即学生第一次交上来的作业，教师根据其正确程度与书写情况评定等级，作业发下去之后，学生修改，修改之后教师再次评价，如果学生修改正确，那么将原有等级划去、重新评定等级。还可以写上教师的赞赏、感受、鼓励、教诲等等，同时，也可以让学生对老师写上类似的话语。这时候的作业本，简直就成了师生沟通思想、交流感情、教学相长的工具。在这样的氛围中，学生每天盼望着看到自己的作业本，激动着教师给予的言语，师生的情感就会在交流与沟通中得到了升华，这样短平快地评价作业，既有利于学生养成改错的习惯，又能尽可能地让更多的学生体会成功。

3. 评价主体的多元化

作业的评价应脱离甄别与选拔的阴影，除了教师的评价外，更应突出学生、家长参与评价。因此，在评价时，我们可以改变评价的主体，多元参与评价取代单一的教师评价，让学生参与进来，让家长参与进来，共同对学生进行客观的评价。比如：作业可以采用"自评，学生之间互评，小组合作评，家长评"等形式，这样不仅可以让学生养成自主学习的习惯，还能极大地减轻教师批阅的负担和学生的心理负担，让评价真正地鼓励学生，调动学生的积极性，促进学生扬长避短。

四、研究成效

"基于金色童年课程的表现性学习"是以"能力表现"这个教育学新概念，以尽可能地给每位学生提供适应其潜能开发和个性充分发展的教育条件和教育机会为基本任务，以促进学生的能力发展为基本目标，是培养学生在社会化和个性化协调发展中，在合作与竞争中培养发展"敢表、乐表、善表、表真、表善、表美"能力的一种教育主张。本课题为学生的发展搭建"个体实践反思、同伴合作互助、老师引领互动、网络交流"的平台；力求在教育中，帮助学生全面认识自我，建立自信，充分调动每一位学生的积极性和创造性。在语文教师全员参与、合作、自主、尝试、互动的课题研究氛围中，不断提高教育质量，实现学校的可持续发展。课题具有很强的可操作性、实用性和创新性。

1. 转变教师的作业观

通过本项目的研究，帮助语文教师在实践中转变语文作业设计观念，做到尊重学生的个别差异，尊重学生个性化的学习方式，真正成为学生"学习活动的引导者和组织者"。

在理论学习和实践中，树立教师以提升学生的语文综合素养为目标的作业观。以多元评价为标准，以"能力表现"这个教育学新概念，以尽可能地给每位学生提供适应其潜能开发和个性充分发展的教育条件和教育机会为基本任务，以促进学生的能力发展为基本目标，明确了语文作业不应仅仅局限于巩固、消化、理解、掌握和运用课堂所学知识，而更应有助于学生良好习惯养成，语文素养的提高，有助于学生把知识转化为能力，有助于学生创新精神，创造能力及独立人格的培养，要培养学生在社会化和个性化协调发展中，敢表、乐表、善表、表真、表善、表美。

通过对比研究前后可以发现：教师自身的素质、钻研能力得到了很大的提高。项目成员自己阅读了相当多的专业书籍和专家论文，对当前的课程改革有了一定的认识和体会，在课例研究中，教学能力有了很大的提高，课堂教学实施更有底气，师生获得教学相长，达到育人育己的目的。

2. 满足学生个性发展

本项目为学生的发展搭建"个体实践反思、同伴合作互助、老师引领互动、网络交流"的平台；力求在教育中，帮助学生全面认识自我，建立自信，充分调动每一位学生的积极性和创造性。

通过小学语文作业设计和评价的研究与实施，引导学生积极主动地自主学习探索、求知、创造，激发小学生对语文作业的兴趣，培养小学生学习的主动性和解决实际问题的能力，鼓励学生自我开发学习资源，培养学生的创新意识，全面提高学生的语文素养，让学生从课内走向课外，从书本走向生活，从统一走向多元，在完成不同类型的作业的基础上，获得不同程度的成功，并在作业过程中，学会与他人合作，学会学以致用，学会在实践活动中检验知识，获得全面、主动的发展，最终为自己的终身发展奠定良好的基础。

3. 优化语文学习环境

通过本项目的研究，探索出一套比较系统的小学语文作业设计策略和符合学生多元智能发展的作业评价指标，实现了课内外联系，校内外沟通，学科间融合的语文作业设计体系，在研究与实践中提炼与形成了基本的操作流程（确定能力→运用作业→展开表现）从而优化语文学习环境，让语文作业成为培养和发展学生语文素养的一座桥梁。

流程之一：确定能力。

表现性教学的第一流程是确定能力目标，是对要达到的能力目标作出事先的设定。能力目标的设定是教学目标设计的重要内容。学生特定能力的发展必须依托有序、有目标的表现。能力目标确定是表现性教学的教学目的一个预设的过程，根据课程标准以及教材的教学任务的规定，在对所教对象学生的学习状况进行分析的基础上，确定科学、合理的能力发展目标。透过教材把握教材中所蕴含的能力点，及其能力表现。只有确定了教学内容所指向的学生能力要求，才能依据教学的能力目标，设计学生作业，展开表现性学习活动。

流程之二：运用作业。

表现性作业为学生实现目标能力的发展提供条件。学科学习能力的培养要注重作业的设计与作业的实施。设计表现性作业是运用作业的前提，而运用好作业是作业设计的逻辑结果。表现性作业设计是以提升语文核心素养为目标，结合学生的学习基础，合理地设计表现性作业。表现性作业运用应该根据不同的目标能力的需要，在一定的教学情境中采用合适的方法实施作业，以达到作业的预设目标。表现性作业需要创新，设计富有表现性的作业，让学生在完成作业中得以表现，促进学生的能力、个性和专长的发展。

流程之三：展开表现。

表现性教学需要让学生有一个指向目标能力的充分表现过程，为学生提供表现机会，并指导学生优化表现，使学生充分动手、动脑、动口，以积极的行为与机能表现，促进学生能力的发展。通过让学生充分表现促进学生在表现中获得经验，通过表现检验已获得的经验。"充分表现"意味着教师要把凡是学生能够自己独立或者合作做的事情都给学生留出空间，让学生有时间、有机会去选择、决定，去思考，去体验、感悟，去创造、实践、应用，发挥出最佳的能力表现。

4. 提升语文学习品质

在实践与研究中，我们发现：学生完成家庭作业的效率有了很大的提高，在完成家庭作业的过程中，让学生体验到了自主与实践的乐趣。这样的尝试，对教师而言，是一次自身继续学习的过程，促进了教师对专业理论的学习以及科研工作的有效进展；对学生而言，他们在学习过程中，逐步认识到家庭作业不再是枯燥乏味的，完成家庭作业的信心大大增加了，由以前的被动完成作业变成了主动完成作业。如此分层作业，不但减轻了学生的课余负担和心理负担，巩固了课堂教学，而且培养了学生的自主实践能力，真正为"减负提质"做了一个很好的尝试。两年多来，语文组在区级以上获奖30次；教师在区级以上获奖143人次；学生在各类全国和市区级语文类比赛中有获奖443人次。

五、问题与展望

本课题是在继承前人研究成果的基础上，遵循新课标提出的培养任务，以上海市中小学生学业质量绿色指标为导向，以培养"金小少年"为目标，基于富有学校特色的"表现性学习"的规律性认识与操作体系，尝试利用校内校外的一切教育活动，构建语文作业的新形式。从作业的内容、形式、容量、评价等方面进行整体作业设计，以此来达到学科统整，将知识转化为学生的能力，努力提升学生的综合素养。因此，该课题顺应了素质教育的需要，是一个值得深入研究、有价值的课题。但是，在研究中问题仍然存在。例如：

（1）需要指出的是，我们提倡这种新的"作业观"，并不是对传统的、习以为常的"作业观"的简单否定，而是对它的一种超越，一种发展。事实上，传统作业的经典作业样式在今天仍然有它存在的理由和价值。如何使传统的作业样式更好地为学生掌握知识、形成技能服务，如何对传统作业加以改进，不使之异化为单纯服从和服务于各种考试的工具，这是一个艰巨而漫长的研究过程。

（2）当我们冲破传统"作业观"的藩篱，使作业能够经常地走向生活、走向社会，愈来愈多地成为一种综合性、实践性的活动时，我们惊奇而惊喜地发现这种形式多样、丰富多彩的作业对促进学生发展所起的作用。如何让孩子在快乐学习中，更有效地应对在学校期间将要面对的考试，离开学校之后迎接各方面的比赛也是我们下阶段要继续研究的内容。

面对这些困惑和问题，我们将满怀信心，不断去探索和实践，去解决前进中的一个个难题，相信我们一定能用勤劳和智慧去谱写语文作业的新篇章。

基于网络成长档案袋的实践研究

　　教育专家朱慕菊同志指出的："以校为本的教研，是将教学研究的重心下移到学校，以课程实施过程中教师所面对的各种具体问题为对象，以教师为研究的主体，理论和专业人员共同参与。"要达到这些目标，最有效的途径就是让教师自觉地把教学活动与教育科研结合起来，在课题研究和教学实践中，提高自身的教学水平和研究能力。2006年，我校"基于网络的小班学生成长档案袋评价的研究"有幸被立项为市级课题①，于是，全校师生开始启动实施基于网络的学生成长档案袋评价方法的研究。当初的思考是：给学生开辟一片呈现成长历程的空间，给老师搭建一个评价学生学习过程的平台，给家长创造一个关注孩子发展的载体。在具体实施过程中，老师们从一开始的无意识网络浏览作品、评价学生、完成学校布置的课题任务，变为有目的、有主题地借助网络进行教学研讨了。于是，我们开始尝试基于网络成长档案袋进行校本教研的实践研究，在十几年的研究过程中，我校的网络教研由原来的分散自主行为过渡到全校整体推进的新阶段。在探索中，我们实现了随时性的信息访问、共时性的人际互动，教师们在无穷无尽的虚拟空间里一起交流、一起分享，网络教研在这个平台上逐步走向成熟。我代表学校，在"上海课改30年"成果展示邀约会上做了基于网络的学生成长档案袋的建构的经验分享。在此，我来谈谈自己的一些体会。

---

① 该课题为上海规划课题。2009年结题，成果获全国"十一五"教育科研成果二等奖；获金山区第五届科研成果一等奖。课题组负责人潘亚军。执笔：肖兰

一、基于网络成长档案袋进行校本教研的步骤

网络成长档案袋将数字化与信息化技术整合到评价系统中来，使整个评价操作系统显得快捷、先进。为了能够更有效地利用网络中的数据库，开展校本教研，我们对网络系统的操作进行了如下规定：

（一）参与者身份识别

系统在操作界面上分为了前台浏览和后台管理两大部分。系统通过对输入的用户名和密码的认证，识别登录系统人员的身份。家长、学生和过客在美观大方的前台进行浏览操作，获得最新的信息，而教师则可以登录后台进行各种信息资料的输入，并以管理员的身份对所有上传的内容进行审核，为前台浏览界面提供内容的更新，它图文并茂地记录了学生的学习过程和老师的研究情况。

（二）研讨数据的存储

在进行作品管理时，教师可以根据自己的喜好利用网络中提供的各类工具进行作品的创意设计，很好地展现了教师在作文、美术、音乐等方面的个性特色。这些资料被计算机永久地保存了下来，让教师通过浏览网页，对自己进行纵向的对比，和别人进行横向的比较，从而激励教师不断反思。在对学生进行学习方面的评价时，计算机则记录了教师在不同阶段对学生学习品质、学习水平、学习能力的评价，这不仅展现了学生的过程性发展，还为教师进一步制定下一阶段的教学目标，选择合适的教学内容提供了参数。

（三）具体操作流程

我们在实施网络教研时，考虑到首先方法要易操作、易反馈，不增加教师的负担；其次内容要贴近教学现状，讨论大家感兴趣的事、具有共性问题的话题，这样才会人人爱做，才能充分挖掘教师的潜力。因此，我们按照三步走的操作程序去做：

个人发帖→互动评价→自我修改→网友点评→再次修改。

网络教研改变了传统的教研方式，利用网络资源，为老师们提供了多元的教学支持、同伴互助和专业引领。它不仅关注结果，而且更注重教师专业发展的过程。学校提倡老师们将教学反思、论文、案例在网上交流，相互借鉴和启发，促进教师进行教学反思；在网上，进行教学问题会诊，发挥学科骨干的积极作用，促进同伴互助。同时，学校有机地利用网络资源，将终结性评价与形

成性评价结合起来；以此来鼓励老师们对学生的关注和评价贯穿于日常的教育教学行为中。在互动交流中，教师们反思自己的工作。从而发现自己的优势和不足，形成追求进步的愿望和信心，明确改进的目标和途径。

二、基于网络成长档案袋进行校本教研的实施策略

（一）搭建教师多元互动的研究平台

基于网络成长档案袋（注：所有图中出现的临潮小学是金山小学的曾用名）的校本教研模式突破了时间和空间的界限，改变原来集中教研的形式，即向分散教研、主题教研、自主教研等发展，为教师们的互动交流提供了更广阔的合作空间。我们在网络成长档案袋中开辟了"家长支持栏、教师支持栏、他山之石"这三个栏目，家长、教师和网上热衷于教育事业的人们都可以将自己撰写、搜集的精品教案、套餐作业、好的学习方法等资料上传到学校的网站上，让老师们互相查阅，进行学习、点评；新教师也可将自己在教育、教学中遇到的困难或问题放到网上征求其他老师的意见，实现双赢提高。这种灵活、自由、宽松的形式更加有利于激发广大教师、学生在网上发帖、参与教研的热情。例如：网络成长档案袋在确定了分类和几大栏目后，教师、家长和学生们就可以借助网络成长档案袋平台进行讨论、交流，实施真正意义上的多元评价。怎样的评价才是有效的，最合理的，老师们议论纷纷，各抒己见。经过总结梳理，有以下四种观点：

（1）部分老师认为建立成长档案袋是为了展示，所以他放的最主要的就是学生最好的作品。

如作业样本、参加活动照片、阅读课外书的目录、学生得意的作品、获奖的证书等等。这些都可以用来证明学生的成就，充分体现学生的特长与个性差异，让学生有充分发挥自己创造力和想象力的空间，老师不固定内容。

（2）也有的老师认为建立成长档案袋是为了反映学生在学习上的进步与不足，那么他选择的学生作品就是在某一时间内累积的内容。作品的类型有时是一系列的作业。五年级数码微型课程中的学习评价表。（见表5-11）

表5-11

评价内容			评价等级			
			优	良	合格	加油
课前	1	让学生自由组合研究小组，对北京奥运会中的数学问题（交通、环保、住宿、财政、场馆等）在互联网上进行调查	√			
	2	各小组将每个学生的资料汇总，通过浏览、分析、讨论等方法对信息进行处理、加工，形成初步的研究成果		√		
课中	1	搜集信息后，教师指导学生合作学习，让他们分析、整理数据，学生通过分析，初步形成自己的认识	√			
	2	小组全体成员对初步形成的成果进行合作研究与讨论。教师在学生的讨论中设法把问题一步步引向深入；启发、诱导学生自己去发现规律，自己去纠正错误认识，并补充正确的观点	√			
	3	各小组经过充分的研究、讨论后，再根据收集到的新信息，制作小报	√			
课后	1	向自己的家长说明赛场上的一些数学问题，解释每个数据的含义	√			
	2	登录网站，自由浏览，查找其他比赛中的数学问题，并把了解到的信息告诉给大家	√			
自评	奥运会的召开让我更加喜欢看体育比赛，通过上网查资料和课堂学习，我知道了游泳、铅球、田径、篮球等比赛中有许多数学知识，这让我看比赛时更加带劲了						
伙伴评	我觉得他做的小报很漂亮，他从网上收集了许多赛场中的资料，我要向他学习，多收集资料，多与同学讨论						
老师的话	学生自己收集资料，组织讨论，制作小报，始终保持很高的积极性						

（3）有的教师认为档案袋更应该是记录学生探究学习的过程

自然档案袋属于展示型档案袋，它完全由学生负责选择自己最好的或最喜欢的作品，它里面包括学生个人在家里或学校制作的作品。学生选择作品的原因多种多样，它记录了学生的一个研究，思考、成长的过程。教师必须要以一种新的视角来探寻学生对作品的反思以及他们学习的方法。

（4）有的教师认为档案袋应该是记录学生生长发育的过程

例如学生档案袋在收藏内容上可包含课内学习情况记录与课外学习情况记录：身体形态、机能和身体素质的测试成绩；体育考核成绩；本人的运动特长、爱好与潜力、健身体验、健身方案；体育日记；同学、教师、家长的评语；体育摄影等；参加重要体育活动的记载；参加各项比赛取得的成绩、名次；有关部门颁发的证书、奖状、奖牌等等。这些材料可以反映出学生在学习体育中的成果、收获和进步，可以成为他成长过程中的一份宝贵的财富。

网络成长档案袋的研究不仅为家长和学生搭建了互动交流的平台，而且也为老师们的教学研究提供了便捷，通过不同学科，不同老师的评价方式交流，做到了百花齐放，百家争鸣，老师们智慧的火花得到了碰撞。教师、家长、学生借助网络成长档案袋这一数字化平台，使彼此的交流更为平等、有效，联系更为紧密。在实践中，我们发现，教师可以根据参数分析学生的个体特征，并在此基础上针对学生的优势和不足给予学生激励或具体的、有针对性的改进建议，提高教学的有效性。

（二）提供分层教学的课程共享资源

我校依托学生网络成长档案袋，开发了各类学生分层学习的内容，根据国家学科课程标准的要求设计B层的基础型练习内容，让每位学生完成达标要求；同时在B层的基础型练习内容上加入探究、拓展的练习，形成A层作业，给那些学有余力的孩子提供更多学习的机会。在网络教研中，全体老师群策群力介入新课程，使常规的教研活动得到延伸和拓宽，使教研真正走向校本化，使国家教材真正走上校本化。在学生网络成长档案袋这个平台上，大家互相交流、探讨、对话和互动。例如：表5-12中罗列的是学生网络成长档案袋中，部分学科的分层学习内容，老师可以根据自己班级学生的学习情况，选择不同老师，不同班级的分层学习内容和作业，让孩子们自主选择喜欢的学习内容进行讨论研究，丰富自己的学习生活。

表5–12

栏目	具体内容
语文	学生的作品、多元的评价、分层的练习如：为B层学生提供本学期必背的古诗、要求掌握的知识点等。为A层学生提供头脑风暴题或微型课程中的经典方案，激发学习潜能
数学	分层的练习如：为B层学生提供本年段要求掌握的知识点的练习等。为A层学生提供奥数等难度较大的题目让学生跟帖完成练习；或微型课程中的经典方案，激发学习潜能
英语	分层的练习如：为B层学生提供本年段要求掌握的知识点的练习等。为A层学生提供微型课程中的经典方案，激发学习潜能
美术	根据学生美术的潜能，以兴趣组为主，针对性地提供分层学习内容和活动的图文资料。作品充分体现了各阶段学生成长的轨迹
自然	根据学生喜闻乐见的自然界中的现象，结合基础性教材的课程标准，针对性地提供分层学习内容，激发学生的探究热情

又如：表5–13是学生网络英语成长档案袋教学的基本框架。教师们可以根据需要共同分享课程资源，进行分层教学、分层作业、分层评价。

表5–13

总栏目	分栏目	作用
课内加油站	飞行轨迹	教师用明了的曲线将学生学习成长的过程用"飞行轨迹"的方式记录下来，使学生感受到自己的成长过程，教师借助飞行轨迹分析成绩分布的成因，从中找到成功的经验和失败的教训，调整教学设计
	今日门诊	这里收录了学生容易混淆的单词、经常出错的句子。经过教师的判断、诊断后，给出帮助学生理解和记忆的方法
	快乐导学	教师在这里分阶段地上传课堂学习的重点、难点以及好的学习方法，供学生学习和讨论，教会学生学习的技能
课外加油站	异国风情	在这块天地里，教师和学生把了解到的异国的风土人情用各种形式上传到网上，可以是音像资料，可以是精彩秀美的图片，也可以是简单的文档。通过互相的学习，开拓了学生的视野，了解到了在外语书上看不到的知识，培养学生的爱国热情
	日常用语	教师利用多媒体网络通过把文字、声音、图像等融为一体，创设语言交际活动的情境，让学生走入情境、理解情境、表演情境以此突破语言观

续 表

总栏目	分栏目	作用
课外加油站	精品欣赏	它是展现学生学习过程中取得的学习成果及优秀作品的平台，包括收集到的精品儿歌、精品故事、精品作文等。它反映学生的努力、进步和成就。它收集的是学生最好或最喜爱的作品，通过这样的途径，学生向自己的同学、家长、老师和其他感兴趣的人展示。同时也可供他人评价，促进自身发展
成长小脚印	方法交流	培养学生的学习能力是形成自主学习的前提条件。这里主要收录学生学习的方法过程，从怎样查单词到怎样理解一个句子再到怎样明白一段话。学生把自己的学习方法展示出来，供他人学习和评价，以及时地弥补自己的不足，不断地促进学生自主学习能力的提高
	心灵之约	这里是学生反思和抒发自己情感的舞台，学生可以把学习体会、学习状况、学习计划、学习的简短总结等发到这里。老师、同学和家长根据学生的描述给予评价指导。学生通过与教师、同学以及家长的及时交流，不断地进行提高自己的学习能力

三、成效与思考

（一）促进全体教师综合素质的提高

网络教研的过程是动态的，网络教研既能发挥新教师乐于接受新事物的优势，又能发挥老教师教学经验丰富的优势，使得老教师和新教师都能够在网络教研中各取所需、共同进步。它实现了一个新教师几十个师傅带教的师徒结对子模式，教师们可以从众多的帖子中，随时根据需要寻找有价值的资料，不断调整自己的教学教育方式，形成了网络资源为我所用的局面。在互相的学习中，教师参与网络教研的积极性和应用网络教研平台的技术水平有了明显的提高。有相当一部分教师不但善于利用网络辅助学生学习，而且学会了反思，学会了合作，学会了创造，同事之间的关系比以前更融洽了。

网络教研为老师们的专业成长搭建了一个开放式的交流平台。在最近三年多的时间里，我校师生在市、区级的各类活动中崭露头角，频频获奖。共有111人次获市级奖，175人次获区级奖。教师获市级奖44人次，区级奖39人次。获市级以上论文奖5篇，获区级论文奖21篇，案例获区级奖15个。

（二）随时取用资料提高教研质量

网络成长档案袋比较好地保留了整个教研活动的全过程，教师随时随地地对各种观点进行深入的分析和研究，不同学科的教师也可以通过阅读论坛上的帖子，参与研讨。网络成长档案袋教学在提高全体学生素养的同时，也在一定程度上促使教师更加主动地去学习和掌握新的技术知识和其他相关学科知识，它打破了学科之间的界限，主动实施了学科之间的教学整合。教师要通过对网络成长档案袋的分析，能更全面地了解每一个学生的学习情况，了解学生知道什么、做了什么、需要什么，根据学生思考能力和解决问题的能力，不断调整自己的教学策略，做到因材施教。基于网络的小班学生成长档案袋不仅记录着孩子们的生活，演绎着生命的色彩。还实现了教师之间不露面的"网络谈话"，共享各类课程资源，随着交流对象的扩大，交流信息的增加，教研质量也随之而提高。

（三）改变教学观念增加课程意识

基于网络的成长档案袋的建立，改变了以往单纯的"以教师为中心"的教学模式，为学生创设了主动参与的，在宽松愉快的环境中探究性地学习知识，在师生、生生的互动交流中，学会发现他人的优点与缺点，学会提出善意的意见，学会表达自己的观点。实现了在素质教育和新课程理念下，改变"以课堂为中心"的教学方式，教师和学生都能走出课堂、走向生活，在无尽的网海中遨游，扩展了学习资源，拓宽了学生能力发展的空间。它帮助教师改变了教学观念，促使教师改变教学方式，让学生在网上变被动学习为探究学习，变个体学习为合作学习。随着网络共享教学资源的运用，教师的课程意识也在不断地增加。

以网络成长档案袋为载体进行校本教研的实践研究，为我们提供了许多有效教研的经验，它的便捷和高效让我们事半功倍。它将学生、家长、教师巧妙地结合在一起，将教学、娱乐、交流融合在一起，真可谓"网络成长档案袋无极限，线线连万家，沟通你我他，教研少不了"。那么如何优化整合学科资源，处理好基础型课程、探究拓展型课程之间的关系，创造良好的网络学习环境，以适应新课程标准的要求？这些问题还有待于我们在网络教研中做进一步的探索。

语文学习能力积分卡的运用案例

记得叶圣陶老先生曾经说过："从小学老师到大学教授，他们的任务就是帮助学生养成良好的习惯，帮助学生养成政治方面、文化科学方面的良好习惯。"由此可见，习惯的力量是巨大的！从小培养学生良好的学习习惯将受益于孩子的一生。如何提高学生学习的积极性，养成良好的学习习惯，一直是困扰我的难题。尤其是每学期的开学初，学生经过一个假期的调整，学习习惯退步不少，我一味苦口婆心地叨叨效果不是很好。于是，我想到用激励的方法奖励好学生，以他们为榜样激励更多的同学养成好习惯。一开始，我只是针对学生当时的表现给予小贴纸奖励，不能说没有效果，只是维持的时间短，对于学生形成良好的习惯，作用真是微小甚微。据心理学研究表明，一个好习惯的养成至少需要21天的时间，并且要坚持重复训练才能获得。因此，培养学生良好的习惯说说容易，对于自制能力还很弱的小学生而言是很困难的。

一个偶然的机会，我去一位学困生家家访，发现孩子学习成绩和习惯很糟糕，但玩电脑游戏的水平一流，连不认识的汉字都会用查字典的方式弄明白意思。究其原因：玩游戏可以赚积分，积分多了可以买到好的武器，可以进入更高级的界面打游戏，可以获得更多高级武器，换更多的分值。原来是积分的魔力是孩子判若两人。于是，我灵机一动，结合日常的教学经验和区"基础素养综合评估"试验项目对二年级学生学习习惯具体要求，根据小学生爱玩游戏的特点，萌发了采用"语文学习储蓄卡"（见表5–14）的形式来记录学生日常的学习表现。尝试将学生日常的预习、做作业、记诵、上课表现、合作学习、主动学习等诸多方面分成三类，分别从"听说、读写、爱好"这三个方面入手，运用像打游戏赚金币一样的形式，带领学生勇闯语文学习关，让学生积累丰富的学习经验值，做个"学习财富小达人"，化无形的学习习惯为有形的学习表现，激发学生学习语文的兴趣，提高他们自主学习的能力。通过二年的实践，取得了喜人效果，接下来简单地介绍一下我的做法和感受：

表5-14

卡主					卡号			JSX42——		
内容		积分项目								
财富大放送：家长、老师根据孩子的进步情况每月送1—20金币	时间	读写				听说		爱好		
	周次	预习到位 10	订正及时 10	作业按时完成 10	字迹端正 10	默写准确 10	认真听讲，积极发言 20	记诵熟练 10	爱阅读课外书 10	善于合作 10	特色加分（语文综合活动、获奖等）30
	第一周									
	第二周									
	……									
	合计									
使用方法简介	每一周的得分相加，满10分得一颗五角星填写在学校教室的评价表中。每月家长、同学教师根据孩子的进步情况，一次可以送1—20个财富值的机会，学期末比赛谁的金币多，就是学习财富大王									

一、晒分值，促习惯

首先，我在班级成立了"语文学习银行"，发放了"语文学习储蓄卡"，举行了隆重的启动仪式。启动仪式上，我宣布了本次活动的活动方案，详细介绍了储蓄卡的使用规则，解读了《储蓄所存取款细则》（见表5-15），对同学们在活动中如何培养良好学习习惯，如何存储学习金币，如何评选学习习惯财富王，提出了具体要求，在给每位学生发放语文学习储蓄卡的时候，要求孩子自行保管，养成自我管理财务的能力。并且在家长会上与各位家长达成了共识。力求从教师、学生、家庭、社区四方面对学生的日常学习情况进行过程性的评价。此措施既有利于学生们全面成长，又方便了我的日常教学管理工作，更让家长清晰地了解到孩子每天的学习表现。

表5-15

存储项目		存款细则	币值
兴趣习惯	听说习惯	认真听老师和同学说话，不随便打断他人发言，逐步养成边听边思边记的习惯	1—4
		发言先示意，能说普通话，话说完整，声音响亮，能积极思考并乐意说出自己的想法	1—4
	读写习惯	能自主认读课外字词，养成随处识字的好习惯	1—4
		能用正确的书写与握笔姿势描写或书写，字迹端正。逐步养成按时完成、及时订正作业的习惯，簿本整洁	1—4
		在老师的指导下读课文，音量适当，不拖调，不加字漏字	1—4
		能独立阅读绘本或注音读本，并背诵经典诗歌	1—4
	兴趣爱好	对某一项语文活动有浓厚的兴趣	1—4
		有突出表现	1—4
使用说明		存款说明： 1.每栏单项评价"好"可存4枚金币，"比较好"可存3枚金币，"一般"可存2枚金币，"基本做到"可存1枚金币 2.积满30个金币可兑换1枚福利章	
		取款说明： 4枚"福利章"做学习小明星，张贴照片树榜样 3枚"福利章"兑换心愿卡一张，在老师和家长能够接受的范围内，完成你的一个小小心愿 2枚"福利章"可换一份学习礼品	

接着，按照方案中事先拟定的"银行统一标准的加减规则（例如：表现好加金币，表现不好减金币）开展活动，收银员由小组长担任，他的职责是及时、准确记录储户（组员）获得的积分，组员的任务是每天到组长处存钱，督促组长计分并认真核对，金币的数值由老师学期结束存入学生《小学生语文基础素养学业报告单》中留档。

当学生弄明白游戏规则后，就开始过程性金币存取款游戏了。我采用"日日记录、周周点评、月月评比"的方法，组织每周同学互评，交流反馈；每月进行一次——活期转定存的总结会（每月进行一次金币转存星星活动，满十个金币可以在教室的光荣榜画一个★"），由老师、语文课代表和学习委员对活动开展督查指导。让孩子们再回顾自己在一周内的表现，发扬优秀点，找准缺点，明确自己努力的方向，孩子们的眼睛是雪亮的，经过小组评、队员互评、个人自评、父母老师送金币等的方式，对学生整个的学习态度、方法、成果等方面做了全面的关注，并将加、扣金币原因如实反馈给每个学生。

学生们对此，兴趣高涨，很多同学每天都要把储蓄卡拿出来阅读一遍，伙伴间互相对比一下，时刻提醒自己在学习习惯等方面不断改进和提高。这一举措，使那些原先学习习惯不好的孩子，也纷纷效仿，为了多得金币，认真对照储蓄卡上的要求，改正自己的学习方法和习惯，极大地促进了他们个人的学习主动性和学习效率。小伙伴们在互相点评的过程中，既培养了他们关心他人，公平公正地评价同学的能力，又在深入的交流过程中，明确自己应该培养哪些方面的好习惯，形成一种行动上的自律，从心底里重视这项工作，努力营造出一种人人争做学习好习惯财富王的班级氛围。

二、积分值，提素养

"语文学习好习惯银行"的成立，旨在引导激励学生从现在做起，践行"从点滴小事做起"养成良好的学习习惯、行为习惯和心理习惯，为学生今后的终身学习和发展打下良好的基础。所以，我对于评选"学习财富王"严格把关，做到尽量的公平、公正、公开，并且在颁发"财富王"发放形式做到隆重，有时会用去整整一节课，让赞扬的掌声激发起孩子榜样的力量，为孩子们树立学习的标杆，形成你追我赶，积极向上的学风。

例如：在开展语文综合学习活动的过程中，我将最佳学习作品可以一次性获得50个金币的强大诱惑，用来激励孩子保质保量地完成作业，孩子一开始时为金币而做拓展作业。后来，在完成任务单时，发现课外的世界好精彩，开始自主学习探究新的学习问题，有的同学还额外地完成了许多他自己感兴趣的作业，并把学习成果带到班级与同学分享。小陶的家长感言："以往孩子在很多方面的优良表现总是不稳定、不持续，常常让人感觉孩子的很多行为只是一时心血来潮，有了'储蓄卡'之后，我们把她所有的表现都以金币的形式奖罚，孩子得到奖励分数的时候喜形于色，被扣分的时候又是心不甘情不愿，但就在这加分、扣分的过程中，孩子明白了凡事不可能一蹴而就，必须要踏踏实实、一步一个脚印长期坚持的道理。孩子凡事急于求成的'老毛病'现在已经改变了许多。"学生在积累分值的同时，还锻炼了评价别人作品的能力，使有些学生从一个只会听老师说，不会表达的"小哑巴"，变成了一个善于用评价指标，点评同学的表现，表达自己见解，会和同学分享自己学习的成果的人，积分值的游戏帮助学生提升了语文素质。

三、用分值，激兴趣

经过一段时间的使用，语文学习储蓄卡对培养学生的好习惯发挥了很大的作用，孩子们你追我赶，都渴望自己成为"学习财富王"。为了进一步固化学生的学习习惯，我又将储蓄卡上统计的金币数量与日常测试、学期推优评先进工作相结合，允许学生用金币来调整自己测试卷上"A/B/C/D"的评价，例如孩子的测试卷上的阅读板块是C，他可以用储蓄卡上课堂表现栏目（日常课堂回答问题情况）中的20个金币换一个级别，也就是由"C"晋升到"B"。每月定期汇总金币数、亮晒分值、考核评价、授"学习财富小达人"称号，为全体学生树立了标杆，大家有了可以超越的目标，兴趣更浓了。对于一些学习习惯差、学习能力弱的学生，我动用了家长每月有四次送20个金币的权力，让家长根据孩子的进步情况适当加金币，这样既帮助家长有效监督孩子在家学习习惯的养成，家校教育形成合力，又让那些学习困难的学生有了希望，只要在自己原有基础上进步就可以加金币，刺激了他们追求进步的欲望。

记得有一次，小周的测试卷上有1个"D"，一下子急哭了，因为该生家长脾气比较暴躁，看到孩子测试成绩不好就会打骂。于是，我当着全班同学的面让他用语文学习储蓄卡的20个金币换了一个"C"，小周破涕为笑，免去了一顿打。从那以后，同学们赚金币的兴致更高了，有很多学生都主动地做我布置以外的作业，例如：给课内出现的多音字注音，几个要好的伙伴排练课本剧，甚至有的孩子课前帮我设计本篇课文的板书，为我制作PPT……

还有一个同学小李，第一个月不以为然依然我行我素，结果一个金币也没得到。后来看到大家都得到了很多金币，墙上的荣誉榜里都有很多星星，而他却是一片空白，开始着急了，接下来的学习中，他努力奋进，取得了很大进步，为了调动他的积极性，针对他的出色表现，我额外给他加了10个金币，这让他喜出望外，第二天一早，从未按时按量完成作业的他，居然就把作业本交了上来，字迹也比以前干净了很多，这不由地让我感叹：金币发挥了神奇的魔力！

有句俗语是这样说的"习惯成自然"如果让孩子坚持一个好的学习习惯，久而久之，则会成为雷打不动的"条件反射"。我利用语文学习储蓄卡的积分活动，用"储蓄"这样一种贴近生活的形式，像玩游戏一样，教育孩子凡事都要从小事做起，积少成多，培养学生做事"持之以恒，循序渐进"的观念。我相信，那一枚枚金币，如同一颗颗自律的种子，将在孩子心中生根发芽。

基于网络学习的阅读评价指导案例

一、问题的提出

记得苏联教育家苏霍姆林斯基曾经说过："让学生变聪明的方法，不是补课，不是增加作业量，而是阅读，阅读，再阅读。"但是，随着电子产品的飞速发展，网络技术的日益普及，小学生接触网络已不可避免，网络阅读也逐渐成为学生阅读的一部分，由于网络内容丰富，及时更新，搜寻方便；价值多元，平民化；多种媒体结合，生动形象；网络阅读过程从搜索、选择到传播、评论，更突出阅读的自主性、互动性与个性化，因此，被越来越多的孩子喜爱，甚至网络阅读量已渐渐超越文本阅读量。但是，目前网络内容的管理还比较薄弱，各类信息鱼龙混杂，辨别困难，过多的成人化语言，能让孩子听到各种人群的声音，也会接触到大量负面信息甚至不健康信息，有些网站为"抢眼球"，表述追求新异，不规范。而且孩子在阅读中，更多的是随意浏览与泛读，精读较少，网络阅读是为了娱乐消遣居多。如何正确引导学生网络阅读，进行有效评价指导，化被动为主动，是摆在语文教师面前又一个迫切需要研究的现实问题。

二、我们的研究

一年前，基于新课程改革和"金山区小学生综合素养评估项目"的研究需要，我们确立了"教师不是教学生知识，而是搭建学习平台，让学生自主决定学什么，怎样学，成果怎么表现"的网络阅读教学和评价研究的核心思想。我们根据语文新课标的要求，我们在评价时，首先引导学生对自己在活动中的各种表现进行"自我反思性评价"，强调师生之间、同伴之间对彼此的个性化的表现进行评定、鉴赏。采用主题式学习跟踪档案袋的形式进行评价，具体来说就是指导学生根据自己的喜好和研究内容，收集、整理、记录自己在五个阶段的学习过程的表现、作品、感想，并将他们放在"小荷才露尖尖角"学校博客上，在网络平台上自己的学习伙伴、家长、老师或其他关注本次实践活动的人员可以对学生的活动作品进行鉴赏与分析；可以记录学生自我反思；学习合作小组成员对来宾进行答辩；教师通过日常活动的观察进行随机点评等。

1. 创编方案，分层指导

根据四年级学生的阅读能力和学习兴趣，我们创编了《走进水浒》跨学科语文综合实践活动方案。该方案中的学习内容，不仅拓展了统编教材《武松打虎》这篇课文的教学内容，还根据《水浒传》涉及到的审美教育，语言文字等诸多方面，通过五个阶段的跟进式阅读指导（见表5-16）和适时评价，引导学生选择数个感兴趣的问题，小组合作，进行探究式阅读，在与文本对话的过程中，引导学生采用喜欢的方式个性化表达自己对文本的理解，可以是一幅画、一张书签、一篇读后感、一份小报甚至是一套武术等。

表5-16

方法	教师	学生
基于思维导图的显性阅读指导	设计导学单，介绍阅读的技巧和步骤，引导学生边自学，边完成导学案，初步形成适合自己的阅读方式	帮助学生梳理知识，学习阅读角度
基于网络平台的隐形阅读指导	教会学生利用网络平台的评论功能，开展阅读感知，诠释自己对作品的理解，在互动交流中，培养合作意识，取长补短，培养自我检测和评价的能力	合作交流，品读结合，读中感悟，思维产生碰撞，使感悟达到更深的层次，为后期学习打基础
基于合作探究的实践活动指导	根据喜好和个性差异，协助学生分成若干个探究阅读小组，制定研究步骤，引导学生进行探究活动，跟踪指导实践，点拨应用，激励评价	确定目标，组成合作学习小组，分工探索，收集分析整理资料，完成创意作业，互动交流改进
基于个性学习的创意表达指导	创设情景引导深度探究，协调分工调控进度，联系实际过程指导，组织归纳互动点评，推广成果促进思考	总结回顾学习成果，分享交流，调整研究方向，改进方法，思维扩散，学以致用
基于成果展示的阅读评价指导	总结梳理学习方法，搭建平台展示作品，颁发奖项，激励评价，引导学生举一反三，学会读写迁移	欣赏作品，互相点评，拓宽视野，激活思路，学会迁移和思考

2. 多元评价，张扬个性

在整个阅读和评价的过程中，教师根据学生不同阶段的阅读需求，利用计算机与网络进行个性化的阅读活动。通过网络进行评价，由于网络评价人群的多元化；对作品评价角度的多元化；评价方法的多元化，激发了学生阅读的积极性，增加了阅读面，大大提高了阅读的有效性。

例如从内容上看：有同学在网上写阅读评论；有的收集了各种《水浒传》背景资料；有的推荐博客；有的阅读电子书等。从表现形式上：有的是一个图标，有的是一句话，有的是一段补充内容；有的是一篇文章等等。在互动交流中，借助论坛进行多元评价，个性化的阅读打开了孩子们的眼界，各类互动交流主题引领学生有目标地学习，在过程性评价中，教孩子一些品读名著的基本技能和方法，让学生尝试运用已有的语文知识来解决阅读和表达中的问题，在与伙伴合作、分享、交流的体验过程中寻求最佳答案，享受经典作品的文字之美。

3. 巧设奖项，培养习惯

在两个多月的学习探讨经历，我们不断尝试，调整评价内容和形式（见表5-17）：

表5-17

阅读内容	表现形式
英雄故事、读后感、故事梗概等	电脑小报
英雄妙语、歇后语、成语、人物绰号等	阅读书签
我心中的英雄（包括哪些改邪归正的人物）	演讲比赛
给电影配音、课本剧、水浒歌曲联唱、水浒人物表情模仿秀、武术表演等	才艺表演
自己设计的图画、收集的水浒人物图、水浒连环画等，在作品下面写几句自己的感言……	水浒画展

丰富多彩的学习内容，激发了学生阅读经典名著的兴趣。多元的评价方式，（见表5-18）给每学生充分表现的机会，让他们不仅爱上了《水浒传》这本书，还创造出了许多意想不到的作品，口头表达能力、合作探究能力、搜集资料、筛选信息、整理归纳的能力得到了全面的培养。在取长补短中，学会合作、交流、接纳，综合素养得到了全面发展。

表5-18

团队综合奖	个人单项奖
最佳策划奖：在活动中，主动参与，主动探究	最佳创作奖：能在实践中，创作出令人满意的作品
最佳合作奖：在活动中，小组成员能积极参与，团结合作，通过共同努力完成任务	最佳书画奖：能通过图文等方式表达自己的见闻、想法、成果等
	最佳表演奖：能通过绘声绘色的表演，表达自己的观点
最佳创意奖：在活动中，能有自己的独特的创意，并得到大家的认可	最佳人气奖：在活动中，受到大家一致好评
	最佳配合奖：能参与小组活动的设计，乐意接受分工并完成任务
最佳作品奖：在活动中，出色地完成一项任务，得到同伴的赞赏	麻辣点评奖：能对自己或他人的学习成果做比较正确的评价

三、评价小窍门

利用网络的快捷便利，引导学生体会剧本和故事续写的情味感、畅达感，培养学生的语感；分析美术和书法作品的分寸感、形象感，培养学生的美感。在"作品上传→佳作欣赏→多方点评→全班交流→年级评奖"的过程中，我们将学生整个阅读学习的过程都记录了下来，这对学生而言不仅是评价自身成长的一个教育过程。这种动态的、多元的、过程性的评价，能尊重学生的思考和创新，接纳他们寻求个人理解和表达知识的方式，能比较客观地评价每位学生的学习成果，逐渐形成一种敢表、乐表、善表的学习氛围，在分享交流中，培养了学生与他人合作共读、交流分享、互助激励，共同进步的习惯，让孩子感受到——学习因意外的生成而变得更加美丽。当然在整个评价过程中还有以下几个小窍门：

1. 角色互换，入境入情，引生"敢表"

一开始，学生放在网上的作品有很大的随意性，放入学习跟踪档案袋的作品往往是根据自己的喜好来确定的。因此在评价学生作品时，要善于把握契机指导学生放作品时要有所取舍，可以放你的新发现，一篇打动你的作品等，让学生根据自己研究的主题有选择地放入一些作品，引导学生开始审视自己的作品。例如：谈到武松杀嫂嫂潘金莲时，老师在评论栏内提问："如果你是武松，面对杀兄仇人，你会怎么做？"，引导学生结合现在的生活实际谈解决方法。结果跟帖的人很多，他们提出了许许多多新的做法，然后再让学生讨论：

"谁的办法好，当时武松为什么不用其他方法，而选择了自己亲手杀仇人的犯罪行为呢？"在激烈的网络口水之战中，道理越辩越明，整个思辨过程让学生理解了"逼上梁山"这个词语的真正含义；了解了当时的社会背景，为正确理解文本和文本中的人物性格和特征做了铺垫；同时，结合现代的法制教育知识，也让学生明白，当下我们应该如何为人处世，采用合适的方法解决问题。

2. 玩中品位，入文入心，让生"乐表"

兴趣是学习的先导，当学生的学习积极性高涨，求知的欲望在心中荡漾，以学为乐欲罢不能时，我们还用担心孩子们不去好好读书吗？我充分借助网络博客评价的优势，设计"另一种视角""我的创意DIY"等小栏目，让学生根据栏目自主确定探究目标，选择表现内容和方式，说说自己选择这类作品的理由，引导学生开始对自己的作品进行鉴赏。让学生在动手实践的过程中，体味阅读的价值，逐步培养学生的反思能力和独立性，让他们人人乐于表达。

3. 层层递进，挑战自我，助生"善表"

在五阶段的学习中，评价要求也是螺旋式上升的。我们以网络评价记录等资料作为依据，采用学生互评、教师协同商讨和师生民主评议等方法，鼓励学生大胆表现，说出自己独特的观点，在交流互动的过程中，迸发出不同的思维火花，让意想不到的新问题和新答案带着学生走向新的阅读高地。在交流评价结果时，可以采用别出心裁的方式表示，例如：可以是"一次有趣的读图课""一次好玩的画书课""一次激烈的辩论赛""一次紧张的竞赛课"等，多元化的个性评价，让学生明白自己的长处，认识到自己存在的不足和努力的方向，进而激励学生不断改进自己的作品，提高他们的阅读与表达能力。

在整个的学习过程中，每每看到同学们超乎想象，层出不穷的创新作品时，我被感动了。在交流与评价中，学生、教师、文本的思维碰撞，阅读的热情高涨，灵感频现，孩子们"百花齐放，百家争鸣"的个性化见解，让我明白了成功的评价应该是这样的：教师只是学习顾问，评价的目的不仅仅是判断对与错，善与恶，而是激发学生的学习兴趣和潜能。以前看似浪费时间的阅读体验过程，带给孩子的是一次难忘的阅读旅行，带着他们在走走停停中，巧妙地将预设与生成融合起来，现场捕捉瞬间的灵动，使孩子们发现了沿途的美丽风景，让我们一起静待花开。

第六章

课程资源统整下小学语文核心素养提升的研究成效

随着项目研究的开展，语文学习内容统整、重组后的教材，为学生、教师提供了一个丰富多彩的、发展自我的空间，极大地促进了教学改革，改变了师生、家长的教育观念，促进了学生语文核心素养的培养和发展，初步建立了"以课程为载体、以活动为抓手，以'三结合'为纽带，以评价为导向"的小学生语文核心素养培养模式，并在实践中取得了显著的成效。

助推了学校语文课程改革的步伐

本项目还带动了学校各项工作的开展。实验期间，学校先后被评为：上海市语言文字规范化示范校；"语文"课程被评为金山区基础型示范课程；教研组被评为金山区优秀教研组。三年来，语文组获团体奖或优秀组织奖共计24项；教师获奖共计80人次；学生获市、区级奖共计103人次。（部分获奖内容见附件一）

目前，我们已经编写了《创意阅读与表达》《趣味语文》两套10本校本课程，一到五年级开始试用阶段。依据课程标准，梳理了语文学科"识字、阅读、古诗词、写作、综合实践活动"等各学段的知识结构和能力要求，并结合区进修学院、学校培养目标和本年段学生情况编写了《学期课程统整知识结构和能力序列》；各学段研制了若干个《课程统整指南》的教学设计、练习模板、课件及数量可观的教学案例，建立了比较丰富的学科教学资源库。

本项目的研究立足于实践，将研究深入到每一个部门，各种学科领域，为教师专业发展搭建"个体实践反思、同伴合作互助、专家引领互动"的平台，在全员参与、合作、自主、尝试、互动的项目研究氛围中，满足了学生个性发展的需求；提升了教师的综合素养；带动了学校各项工作的开展；不断提高学校的教育教学质量，把学校教科研工作不断引向深入。

一、形成各学科统整后的项目研究管理模式

在项目研究的实践过程中，我们感到科学有效地落实课标，不但需要先进的教育理念，更需要课程实施的方式方法和学校运行机制创新。为了保证项目研究的质量，科研室联合教导处落实了以教研组长为主的项目研究项目组成员名单，制定项目研究项目组工作制度，明确了项目研究项目"四定"的管理流

程，努力做到：定期组织召开了项目组长例会；定期交流项目研究中遇到的困惑和下一步工作目标；定期培训，进一步提高项目组成员研究的针对性和有效性；定期总结反思，我们以课例研究为载体，以研讨活动为推动，在实践中不断修改完善我们的研究方法，逐步促进目标达成。

二、形成语文学科统整后的教学流程管理模式

由课程统整领导小组统一管理，以教研组为研究主体、备课组为实施单位，从各个层面对课程统整项目实施管理。我们以研制与实施《学期课程统整指南》为核心，把学校"课程计划"、各学科的学科知识能力要求、教案设计、课堂教学、作业改进等设立为实施内容，在教研组内开展循环跟进式研究，将其纳入教学常规工作加以落实。在教研组长带领下，由备课组集体讨论完成，课堂教学的教研活动始终围绕学期课程统整来进行，逐步形成了学习—研究—设计—实施—反思—调整—再实施—再研究—再实践—再提高的递进式教学流程管理模式。

同时，为了保证项目研究的质量，我们以校本教研为抓手，各备课组围绕每学期期初，确定的研究专题，开展实证研究。我们将课例研究作为载体，研讨活动看成助推器；备课、上课、观课、评课、反思；将培养学生高阶思维能力的教学，放进真实的课堂进行验证其合理性，老师们通过前期的"做"，加之后期的"整理"，辩论、反思、总结，提炼成果，提出困惑，再尝试，为后面的研究提供了许多宝贵可借鉴的经验。在实践中，我们总结出了课例研究的基本模式，课例研究让我们顺利地将"猜想"得到了"验证"，增强了研究推广的信心。

三、研制统整后语文学科的"统整知识序列一览表"

统整的目的在于实现基础型课程、拓展型课程、研究型课程三类课程在实施中更加紧密地结合，实现一到五年级课程知识点的序列递进式纵向发展，从而有效促进分年段逐步落实课标要求的各科素养，培养出全面发展的学生。我们将课程标准的要求统整后体现在三类课程中，从而建立了融合国家课程标准、区域学科要求、学校培养目标为一体，努力做到"知识与技能、过程与方法、情感态度与价值观"的统整，使每个年段的教学都能围绕总目标进行有效

教学。学校采用三种课程统整的操作策略：即学科内统整策略（尝试单科教材的二度开发）；整合式统整策略（整合学科之间的主题式统整）；超学科统整策略（尝试德育活动课程化）。统整改变了分科课程知识孤立隔离的现状，将课程内容联系学生的生活实际，学以致用，减轻了学生的学习负担，寻找到了各学科在教学过程中相互渗透的有效途径。

四、构建了语文课程编写架构

为了落实项目研究的理念以及校本课程编写目标，我们建构与学校课程文化内涵相匹配的语文课程体系的模式。以基础型课程为基础，以拓展型、探究课型课程作互补，形成学校的"以金色童年为价值取向的丰富性、表现性的课程体系"，我们聚焦三类课程建设，确保学生学科素养发展落实。

1. 基础型课程

立足课程标准、实施统整，开展国家课程校本化实施研究，改变教与学的方式，追求教学效益的最大化，进行作业改革，寻求减负增效的有效途径与方法，推进素质教育。

2. 拓展型课程

与"快乐活动日"相整合，编写《创意阅读与表达》拓展型校本课程，分年级、分主题进行安排，力求体现"开放性、选择性、综合性"的课程文化内涵。将开发的校本课程真正落实到课堂，面向全体学生，激励学生学有所长，为学生多样化和个性化发展提供课程平台。

3. 探究型课程

通过语文综合实践活动，编写《趣味语文》校本课程，分年级进行主题式探究小项目的研究。通过各类学习单，引导学生自主体验，培养学生自主探究的能力，进而改变学生学习的方式，提升综合素养。

五、修改并完善创新教学"五环节"策略

随着项目研究的推进，理念的更新，我们将传统的教学五环节做了修改与完善，称之为：研究学情、目标诊断、互动交流、精心辅导和改进作业，这一改变更好地体现了统整后"以学生为主"的课程理念。教导处从这五个方面加强管理，提出了以下具体要求：

研究学情——走进学生，了解学生，面向全体。

目标诊断——目标明确，表述清晰，适合为佳。

互动交流——以学定教，顺势而导，精彩生成。

精心辅导——因材施教，循循善诱，耐心细致。

改进作业——分层布置，各取所需，形式多样。

培养了学生的语文学习兴趣和能力

爱因斯坦曾经说过："兴趣是最好的老师。"通过项目研究，我们根据课程标准来设置主题，以学生的多元智力发展为主线，从学生的年龄特征和校情出发，通过课程目标的设定、课程的内容设置、课程的管理制度、课程资源的开发等方面的改革，夯实了基础型课程，完善了拓展型课程，开发了探究型课程，从课程实施的导向上为学生的个性发展搭建了展示自我的平台。在教学中，学生学习的方式也不再是机械的、被动的，而转化为探究性、主动地学习，学生的语文核心素养得到了较好发展，教育质量进一步提高。各项统计数据表明，效果是显而易见的。

以《趣味语文》综合实践活动为例，我们根据课程标准中对不同学段学生的要求，开展由点到面的分层小组合作学习，采用校内外结合，满足了每位学生个性发展差异的需求，让他们敢想乐表，提升了他们的语文核心素养，为每一位学生的健康幸福的童年增添了一抹色彩。

一、多元化的作业，促进全面发展

我们说学生的实际生活是丰富多彩的，在教学中，传统的作业形式单一枯燥，读写训练量大，容易使学生产生厌倦感，甚至由于数量庞大，学生为了完成任务不讲究质量，字迹潦草，以至于形成不好的习惯，很难改正且不能有效、全面地发展学生的各种能力。因此，教师要善于在学生的活动中捕捉时机，设计灵活多样的作业内容，在布置形式多样的作业时遵循：

首先，布置的是基础性的作业。如学了古诗后，可以设计默写古诗词及理解词句意思的作业，让学生在扫除语言文字理解障碍的基础上，进一步个性化地学习和表达。

其次，布置的是实践性的作业。如学习课文《红楼春趣》后，可以让学生自由组合排练课本剧，将文字转化为具体的形象；在口语交际课后，将学到的知识点在实际生活中加以运用说一说，学习与人交往；高年级还可以引进思辨的题目，例如：留一道辩论题，让学生来辩一辩，各抒己见。

接着，我们设计的一到五年级《奇妙生活馆》和三到五年级的《小小观察员》语文综合写作进阶任务单，就是尝试着让学生们得法于课内，运用于课外。将生活中的许多问题融入作业设计中，将作业融入生活、融入社会。在实践体验中，使学生解决问题的能力、口语交际能力、合作分享的能力、正确的待人接物能力等得到锻炼。

这些生活实践探索性作业，更强调亲身经历，引导学生在观察、操作、实验等一系列活动中，发现和解决问题，体验和感受生活，这不仅开阔了学生的视野，还让学生的情感体验更加强烈。

二、分层落实作业，同步学异步达标

从作业设计的整体来看，基于课程标准的要求，在复习、巩固了旧知识的同时增加新知。重点学习字、词、句的同时加强听说练习，拓展部分的设计是对学生素质教育的培养，提高学生的观察能力。而"分层落实作业，同步学异步达标"尤为重要，教学中我们采用在同一份练习上，设计难易不同、数量不等的作业，让各个层次的学生都能通过回忆课堂学习、独立思考，保质保量完成作业，使学生对所学知识得到巩固和深化，教师的教学也能做到心中有数，有的放矢，从而提高学生作业质量，更加提升了学生的综合素养。接下来，以《"洋溢西游"活动》为例，看看孩子们的变化：

学生感言一：我学会了当导演

郑　×

这个月，学校开展了为期两个月的"金猴闹书海"的读书节活动。老师为了让我们更好地理解《西游记》这本经典名著，给我们年级布置了个任务，让我们围绕"洋溢西游"这个主题阅读《西游记》这本书，并且要小组合作设计个性化的作业，到时候还要全年级评选最佳作业。

一听到这个消息，我兴奋极了，立刻跟同桌金则逸商量，向老师提出想编排话剧，肖老师笑着说："你们说说自己的想法吧！"于是，我和小金你一言，我一语眉飞色舞地说着自己的伟大构想，也许是老师看到我俩这么自信和积极，二话没说就答应了。

为了圆这个导演梦，我和小金便忙活起来。

面对《西游记》里的几十个故事，要选哪一个故事演好呢？我们把书通看一遍之后，决定改编《三借芭蕉扇》这个故事，我们花了一个晚上的时间，终于把《三借芭蕉扇》这个故事改编成了剧本，肖老师看了之后，连连夸奖我们能干，把我们激动得脸都红了，连忙说："肖老师，我们今天就开始招募演员好吗？"肖老师笑了笑说："招募演员是可以的，就是有几个细节我们要研究一下，剧本中的孙悟空被铁扇公主扇出十万八千里，它躲进铁扇公主的肚子里……这几个环节你们准备怎么演呢？"被老师的这一问，我们懵了，昨天只顾得快点写剧本，忘记了导演的另一个任务是要把剧本指导演员演出来，这可怎么办呢？看来这个导演当不了了，老师看到我们多云转阴的脸，拉着我的手说："网络上流行说'重要的事情讲三遍'，那么《西游记》中，那个妖怪被打了三次呢？""白骨精"我和小金异口同声地叫了出来，"你们想想这个白骨精的三个变形替身怎么演？"老师的话音刚落，小金已经迫不及待地讲出了一大堆的动作，我也发现《三打白骨精》不仅动作好做，而且服装道具也好准备。我们和老师开心地讨论起剧本来了，在改写剧本的一波三折中，我终于明白了当导演考虑问题要周到，剧情的趣味性，道具场地的布置，演员的选拔等等，都藏着好多学问呢！

"安静，安静，再来一次"无数次的重复和指导动作，我的嗓子都快要冒烟了，最关键的是我们的排练时间都是利用课间休息或假日小队活动时间，因为整个剧本涉及到十几个人，所以要把大家凑在一起的集中训练的时间很少。好几次，我们向老师申请排练的时间，可都被学校其他的一些事情冲掉了，一个多星期了，我们连整个剧本都没有连起来练过，最可气的是演沙僧的小方，竟然因为只有一句台词，罢工不干了，这可怎么办呢？这时，肖老师问我："《西游记》这本书为什么男女老少大家都喜欢看？"我说："因为里面的故事很多，而且很有趣？""你觉得里面的师徒四人怎么样？"老师继续问道，"他们非常勇敢，不怕困难，经历了九九八十一难……"我滔滔不绝地讲着，"是呀，老师相信你会和孙悟空一样，遇到问题总能想出招数来的，试试吧！"我点了点头。

回家之后，我和妈妈说了自己的苦恼，妈妈笑着说："这有什么难的，你把整个剧本的三幕，分开来排练，让他们自己找时间分头练习，然后再合并，这不就可以了吗？"我一听，激动地抱着妈妈说："感谢女施主，你就是我的观音菩萨呀！"有了老妈的妙招，我脑洞打开，开始选择分组排练的导演助理，并认真地培训了这三个导演助理，让他们分头落实，这回效率高了很多，一周以后，三个小组都把自己版块的内容演好了，于是，一天下午，在老师的支持下，我们终于把节目成功地串了起来，虽然，还很粗糙，但大家都很开心！

几百年来，西游记的故事有太多的传奇色彩和虚构，但是他们齐心协力取得真经的精神是让人难以忘怀的。在当导演的过程中，我终于明白了，开动脑筋，齐心协力，就能排除万难，什么事情都能做成功。

学生感言二：我做成了西游棋

吴 ×

今天，老师上了一堂《洋溢西游》阅前指导课，并布置了一个有趣的作业——做一个关于《西游记》的创意作业。作业的表现形式可以是旅游棋、讲故事、唱"白龙马"、演课本剧、做小报等。一听到那么多新奇的作业，我们兴趣大增，立刻讨论起来，最后我决定选择做"西游棋"，这个作业不仅可以让同学们很快记住唐僧师徒经历了哪八十一难，还可以让我们课间文明休息，正是一举两得。

为了更好地完成这个创意作业，首先，我招兵买马，挑选了具有"绘画、测量、编顺口溜、制作"特长的四个同学来共同完成任务。经过一番激烈讨论，我们确定了"西游棋"的画面风格和图案呈现形式。我负责画画，李锦鹏负责提供信息，吴晗负责当"后援"，若有人完不成任务，由他来调控，协助解决，卓逸帆负责提供制作工具和材料，大家分工明确，我一声令下，大家按要求开始准备完成自己的工作。

第二天，大家就发现问题了，如此庞大的工程，仅靠学校课间的休息时间是搞不定的。七嘴八舌地讨论之后，我们决定本星期六下午一点在学校门口集合，然后去卓逸帆家制作"西游棋"。

周六那天，大家都准时带着自己准备好的资料和工具等，来到了卓逸帆家。一进门，就看见他把一张大桌子摆在客厅的中间，旁边摆着五把椅子，桌子中间有许多制作材料，他担心资料、工具不够用，还特意买了许多备用的材料，我打心眼里佩服做事情认真负责的他，考虑得太周到了。

"开工喽！"我一声令下，"西游特工组"开始分工合作了，卓逸帆负责画背景图上的"树""草"等，我负责画主图，剩下两个负责设计每一关的介绍。

"来，笑一个！"卓妈看到我们那么认真，忍不住拿出手机说，"我给你们拍张照片留念。"由于大家忙得无暇放下手头的活，只是嘴角笑了一笑。

"咔嚓"一声，照片中留下我们认真做作业的倩影。经过几次的失败和修正，一个多小时后，在大家的努力下，一座"花果山"出炉了，只见清澈的河水穿过了茫茫的森林，一只小鸟在树上啼叫，瀑布顺着山路流淌，最后流入河中，咦？那个瀑布里的人影是谁？原来是我们刚才画坏的两个人物，我们做了朦胧处理，他们摇身一变，成了水帘洞的守卫呀！现在你知道了吧，我们的主要背景是花果山的水帘洞。

又大概过了一个小时，我们又做出来了棋子，上面分别画着：唐僧师徒四人、牛魔王、红孩儿、铁扇公主等西游人物。

忙碌了一个下午，西游记之花果山旅游棋做成了，大家开心地玩了起来，享受着集体合作的智慧之棋。欢笑声中，我们不仅记住了西游的故事情节和取经线路图，还体会到了"众人拾柴火焰高"这句话的真谛，我们喜欢这种特殊的作业。

学生感言三：越读越有味，越玩越精彩！

陈 ×

一天，肖老师给我们上了一堂《洋溢西游》的课外阅读指导课，还布置了回家作业：和你的阅读小组成员一起研究《西游记》中的人物、妖怪、神仙等资料，围绕一个主题，制作成一种有趣有创意的作业，开始"洋溢西游"的阅读之旅。

同学们一听，开心地一蹦三尺高，一下课就寻找自己最佳搭档，兴奋地讨论起来。从主题的选择，人员的分工，任务的认领，忙得不亦乐乎！

我们小组想设计像飞行棋一样的西游棋，我认领的任务是把地图画出来。

一回家，我先上网查阅了西游记的路线图，再拿了一张白纸，用笔在白纸上标出了路线长度。接着，从起点到终点之间划了81个格子，表示八十一难。我认真地画起来：1、2、3……哎呀！画到第41格就画不下了！妈妈告诉我说："一张A4纸上如果要画出九九八十一难，那必须画得密密麻麻，会很难看。你可以选择用两张纸拼接起来，那样会比较整洁。"于是，我又拿了一张纸贴在一起，果然感觉好多了，路线图画好了，唐僧师徒四人，路经了哪些国家，它们的名称是什么呢？于是我翻开书，认真地看起来，"狮驼国、乌鸡国、女儿国……"真是太有趣了，我花了两个晚上的时间看完了整本书，找到了所有的国家，并在路线图上一一标注好，为了让整个画面好看些，我还在国家上面画了几个标志物。就这样，"西游记飞行棋谱"画成了，妈妈看了，直夸我厉害呢！

通过"洋溢西游"活动，我体会到了读书的乐趣，感悟到了中国文化的博大精深。从阅读中，我还发现了一个问题："龙宫借宝"后，孙悟空与六妖王还结为七兄弟，为什么在"大圣斗魔王"时，鹏魔王和狮驼王不给悟空面子反而要吃唐僧呢？于是，我又一次开始了我的阅读之旅，真是越读越有味，越玩越精彩！

三、尝试五育融合，点燃学习内驱力

中共中央、国务院《关于深化义务教育教学改革全面提高义务教育质量的意见》和《国家中长期教育改革和发展规划纲要（2010—2020年）》等一系列重要举措的出台和国家在课程设置上的不断完善，为我校开展五育并举的研究指明了方向。例如：学生赵××在阅读了《老师您好，我的好老师》这本书后，就写下了《老师带我走入文学的大门》这篇文章。

从小到大，我从来都没有去细心感悟老师的那份浓浓的爱，直到读了《老师您好，我的好老师》这本书后，我终于让自己那颗懵懂的心渐渐体会到了什么是师爱。故事中的那些老师，有的冒着生命危险攀爬天梯，为大山里的孩子点燃知识的火种；有的用自己的榜样魅力，为孩子传递生活和学习的正能量；有的用自己那单薄的身躯牢牢盯住水泥板，拯救学生的生命。这些点滴的瞬间给了我的内心极大的震撼。

在我的身边也有许许多多这样的好老师，他们的爱像春风化雨，像冬日暖阳，像导航灯塔一般为我指明了前进的方向。

以前，你要问我喜欢干什么？我可以扳着手指对你细细道来：从"赛尔号"，到"小黄人快跑"，再到"我的世界"，都让我天天惦记着。一下课，我就会和小伙伴们热火朝天地讨论起游戏中的攻略和装备，直到那一天……

"学校开展了'陈伯吹讲故事比赛'的征集活动啦！"当肖老师把这个消息告诉大家时，我情不自禁地说："陈伯吹是谁？为什么讲故事比赛要用他的名字命名？难道他比哆啦A梦，蜘蛛侠更出名？"听了我的话，肖老师在百度里打下了陈伯吹的名字。这位陌生的老爷爷深深地吸引了我的目光，他的名著《一只想飞的猫》里那只自以为是、嚣张跋扈的猫立刻吸引了我的目光，让我看得如痴如醉，甚至忘记了我的最爱——"我的世界"。

在接下来的日子里，肖老师带着我们忙活开了，分角色，背台词，大家都在积极准备。我也努力练习，想把自己变成了那只童话故事中的"猫"。可练来练去就是练不好。"不想演了！"我垂头丧气地说："太难演了！"

听了我的抱怨，肖老师来给我打气了："小伙子，遇到困难就做逃兵，这可不行哦！我和你一起演，咱们切磋一下吧！"当我看着肖老师那传神的动作，夸张的表情后，我也学着做起来：时而提起爪子，弓起背，小心翼翼地走路；时而张开爪子，跺着脚丫，火冒三丈地走路；时而摇着爪子，扭动身体，自我陶醉地走路。哈哈！成功了，那只自以为是的猫活跃在了舞台上。

最难表演的是和蝴蝶们的对手戏。当调皮的蝴蝶围在我的身边，扮鬼脸、吐舌头时，愤怒的台词总是在"扑哧"的笑声中戛然而止。我的心中十分焦急，却又一筹莫展。肖老师一看，立刻拉了一群小伙伴，在课间做我的陪练。一遍，两遍，十遍，五十遍……当我面对大家各种古怪可笑的干扰而无动于衷时，我终于攻克了这个表演的难关。

当《一只想飞的猫》获得了"陈伯吹故事大赛二等奖"，在颁奖舞台上展演时，台下的观众们笑得眼睛都眯成了一条线，纷纷为我们的表演竖起了大拇指。此时此刻，我忘却了"我的世界"，忘却了"小黄人"，我的心中只有那只骄傲自大的"猫"。

如果现在你要问我喜欢干什么？我可以拍着胸脯，大声地对你说："我爱看陈伯吹爷爷的童话，更爱表演他的作品。是老师的鼓励和陪伴让我走进了文学的大门。老师，谢谢您！"

　　又如，我编写的《小鬼当家闹新春》小学低年级主题式综合活动的设计就是源于开展五育并举的研究大背景，引导学生了解有关传春节、元宵节的由来以及美丽的传说，感受春节、元宵节文化的源远流长，增长知识，在参与吃年夜饭、贴春联、拿红包、闹元宵等节日习俗的活动，感受节日文化的丰富多彩和独具特色的春节文化，保护和激发儿童浓厚的学习兴趣，帮助儿童养成良好的生活、学习和交往习惯，培育积极的学习愿望。同时，通过春节传统文化的感染与熏陶，孩子们不仅知道了我国是一个具有悠久历史的文明礼仪之邦，体会到节日带给人们的生活乐趣，形成了对传统节日文化的认同，还激发了学生的民族自尊心、自信心和自豪感，培养了尊重多样文化的胸怀，初步养成了关心尊重他人，力所能及地参与一些简单的社区服务活动。

校本研修团队滋养助推教师成长

教师是学校的第一资本，是学校最丰富、最有潜力、最有生命力的教育资源。学校拥有德才兼备、充满爱心、甘于奉献的教师群体，才能教育出一批批具备德、智、体、美、劳（或五育融合）全面发展的学生。我们通过科研促教育教学，在实践中，助力教师快速成长。

在培养语文核心素养的过程中，教师采用统整后的教学内容，在教学方法与途径上的分步落实也取得良好效果。通过对文本内容的拓展可以生成新的课程资源，即对教材中设计的问题和练习进行拓展。在项目实验的过程中，教师逐渐从一种无意识自发进行的拓展逐渐转变成一种有意识的、团队研讨的拓展，一种设计、论证、再设计、再论证的拓展，从而促进学生的创新精神和实践能力，提升教师的课程开发能力。

我们在文本内容的"减"与"增"中，合理补充其他课程资源，优化了课程资源，初步形成了语文核心素养培养的课堂教学"引导点拨——自主创新"基本模式，它能适应各学科特点和各教师富有个性的变式；教师渐渐地把学生的需求放在重要的位置，能更多依据学生的需求调整教材的逻辑顺序和知识结构，从一个教材的"实施者"，转化为"设计者"，良好的教学效果证明了它的合理性，同时也带给了教师成功的喜悦，提升了教师的课程开发能力，使教师真正体会到职业的乐趣和自身的工作价值。

接下来，我以组织金山区"明天的导师"工程导师团队的九名教师为例，和大家一起分享我们在教育最前线，一起写下的成长故事：

一、项目研究基础的分析

为了全面贯彻和落实《金山区第七届"明天的导师"工程人员评选的实施

意见》，进一步加强骨干教师的队伍建设，充分发挥导师和骨干在教书育人、教育教学研究以及团队发展等方面的示范、引领与辐射作用。我们按照金山区第七届"明天的导师"工程规定的履职要求，制订了《基于小学语文核心素养的表现性评价研究》项目方案。并以《基于小学语文核心素养的表现性评价研究》项目为载体，以提升和培养语文学科骨干教师为目标，组建了项目研究团队，并对各类研究条件进行了详细的分析，以便于更好地，取长补短，发挥团队合作，分享，共赢，同成长的优势。

1. 理论基础分析

本团队中的8位区骨干教师都是学校语文教学的领跑者，有一定的教育教学实践基础，但是对于课题研究，很多老师经验不足，对表现性学习不熟悉，而金山小学语文学科在区域内有一定的学科优势，尤其是在近年来，区级各类飞行检测中，均名列区前茅。学校的《基于金色童年课程的表现性学习的实践研究》课题，曾荣获上海市第六届学校教育科研成果三等奖，这为《基于小学语文核心素养的表现性评价研究》项目奠定了理论和实践的基础。

2. 外援支持分析

三年来，区行政部门的经费保障和业务部门的技术支持，为项目研究的实施予以了人力和物资上的保障；金山区名师办经常聘请各类专家为"明天的导师"工程项目研究组成员做讲座，对团队建设进行指导，为团队成员的成长提供了智力支持。在三年的实践探寻中，语文学科教研员唐连明和张英经常予以精准的专业指导，骨干团队的校长们无私地分享着学校的优质资源，为我们的课堂实践提供了人力物力的支持，使我们的研究思路更加清晰，研究方法更科学。

3. 师资力量分析

三年来，我们按照项目研究的预定方案和金山区第七届"明天的导师"工程导师和骨干的管理办法，组建了由区学科导师、区骨干教师、校学科中心组成员、备课组长及校青年骨干教师组成的项目研究团队。我们分析了每一位老师的教育教学特点和课题研究基础（见表6-1），扬长避短，合作分享，以集体研讨、自学自练、小组分享等各种形式开展各项活动。

表6-1

姓名	个人情况分析
肖老师	副校长，语文分管、教科研主任，她既是区教育科研中心组成员，也是区语文中心组成员。她长期坚守在教学第一线，认真钻研语文教学，擅长分层教学和小组合作学习，喜欢写作，坚持以科研促教学，以课题研究来提高自己的业务水平，努力地实现着由经验型向科研型的角色转变是她的追求。曾获"上海市优秀园丁奖"；"区新长征突击手"；"区优秀党员"；区教育科研三十年先进管理者；"区优秀辅导员"，"区优秀品社教师"；在全国、上海市和金山区的各类比赛中，个人获奖136次，指导青年教师和学生获奖128人次；本人有30篇文章发表在不同刊物或著作上
洪老师	连续三届被吸纳为区小学语文青年骨干。优质的研修经历，助推着她的成长，磨砺着她的能力，也增长着她的经验和智慧。语文教学中，她擅长立足文本，关注表达，课堂灵动有趣，学生乐学善学。近几年，她全心投入自己的专业提升中，研究有关小学语文综合性实践活动的相关课题，尝试在丰富多彩的活动中，帮助学生激发学习兴趣，提高表达等学习能力，不断提升综合素养
徐老师	语文教研组长。她善于从生活中寻找素材，鲜活的教学资源时常让课堂充满活力。当一个学习型教师让她觉得幸福，能成为一个科研型教师则是她不断努力的目标
宁老师	是一个热爱课堂、认真好学的老师，教学十二年，她勤恳踏实，乐于研究，希望通过这一次学习的契机，自己的各方面都有更高的提升
孟老师	语文教师兼德育主任，第六届"明天的导师"工程语文骨干教师。她热爱语文教学工作，她的语文课堂轻松愉悦，善于激发学生的学习兴趣，注重感情朗读，引导学生读中感悟，悟中习法！做学生喜爱的老师一直是她努力的目标
汤老师	漕泾小学语文学科带头人，也是第六届骨干教师。多年来，她一直能积极发挥示范引领作用。工作中能针对不同年级学生的身心发展特点和课程目标，采取不同的策略。也能积极参与区级和学校的课题研究，在实践、反思和提炼的过程中不断改进
曾老师	金山小学第六届"明天的导师"语文骨干教师，金山小学语文教研组组长。对待教学踏实认真，虚心好学。有着比较扎实的理论功底。课堂教学能力较强，无论是教学方案的设计，还是对课堂的把握及应变能力都很灵活。对于教学研究，更有着极大的热情，所写论文多次获奖
马老师	语文备课组组长，踏实、认真，善于在教学中不断地反思，摸索出属于自己的一套教学方法。尤其课堂教学扎实灵活，对于教学研究，有极大热情，力求提升自己的理论，做个专家型老师
金老师	语文备课组组长，她的课堂气氛活泼，凭借积累的经验和不断地探索，使学生乐学、勤学、会学，力求成为学生心目中的好老师

二、项目研究方案的制订

以项目为任务驱动，通过主题学习、项目研讨、课堂实践等方式，自觉反思自身教育教学实践，勇于探索和创新学科教育教学的新方法，增强课程意识，积累课堂实践经验，培养一批师德高尚、品格优良，具有一定的学科理论知识、善于学科教学的，区域范围内优秀青年骨干教师是我们的追求。当唐老师宣布导师成员名单后，本组就成立了《基于小学语文核心素养的表现性评价研究》项目组，首次活动在亭林举行。首先，我详细解读了本项目的实施方案；接着，大家分享了各自的研究特点和教学特长；最后，组员们就本项目如何组织学习各类表现性评价理论书籍，概括和形成有关学生语文表现性评价的理论体系，表现性评价工作的具体实施等，进行了务虚的交流，在思想上达成一致。同时，制定了项目组工作的三年规划览表（见表6-2），以求在团队组建中，做到分工明确，但分工不分家，团队活动，人人参与，人人有责。三年来，我们按照方案的预期目标，结合自己学校的日常工作，不断细化和完善目标，使团队建设目标明确，方法更趋合理。

表6-2

时间	研讨内容	负责人
2018学年第一学期	1.组建项目研究团队，制定项目研究制度	肖兰
	2.学习相关资料，进行情报检索	项目组成员
	3.撰写并修改项目研究方案	项目组成员
2018学年第二学期	1.参加学院项目方案答辩，在专家指导下，重新修改研究方案	肖兰
	2.尝试编写问卷调查表	项目组成员
	3.学习提升，研讨交流，修改并实施问卷调查表	项目组成员
	4.问卷调查数据分析，寻找案例研究突破口	
	5.课例研究，分析学情，积累专题经验	项目组成员
2019学年第一学期	1.项目组成员根据制订的研究计划在实验班进行实施	肖兰
	2.每两个月召开项目研讨，及时调整研究方案，初步形成体系	项目组成员
	3.课例研究，分析关于小学生语文表现性评价的突破点	项目组成员

续 表

时间	研讨内容	负责人
2019学年第二学期	1.项目组成员根据制订的研究计划在实验班进行实施	肖兰
	2.每两个月召开项目研讨活动，及时调整研究方案形成体系	项目组成员
	3.课例研究，分析关于小学生语文表现性评价的优势和不足	项目组成员
	4.积累素材，并撰写阶段性小结	项目组成员
2020学年第一学期	《小学生语文学业表现性评价现状》调查问卷测试	项目组成员
	分析小学生语文学业表现性评价现状，总结小学生语文表现性评价有效性的方法	肖兰
	组织"金山区课程领航工程先锋计划及金山区第7届明天的导师工程项目研究中期成果"展示活动	项目组成员
2020学年第二学期	撰写《基于小学语文核心素养表现性评价的》项目成果	项目组成员
	执教《杨氏之子——古文品析课》进行古文教学研究	肖兰
	执教《从军行——"三适"拓展助力古诗教学》进行古诗教学研究	肖兰
	课例研究，分析学情，积累专题经验	项目组成员
	梳理总结各类资料，准备参加名师办的项目成果考核	项目组成员

三、项目研究过程的实施

（一）设计问卷寻突破口

在多次的自主学习和研讨中，我向项目组成员们详细介绍了项目研究的背景，研究的目标、研究的内容、研究的方法、研究的过程和拟解决问题和创新点，使大家明确项目研究的定位。在此基础上，组织项目组成员，设计问卷调查表，对一到五年级学生的学习状况和语文素养进行分析，寻求表现性评价研究的突破口。因为，项目组老师很多人从来没有进行过课题研究，因此第一轮问卷调查设计好之后，发现问题很多，于是，大家又进行了讨论交流，谈了自己的看法，我又将设计意图和大家分享，明确问卷调查的有效性，问题的设计要有针对性、梯度性、整体性。项目组成员谈了在设计问卷中的困惑，并将自己设计的问卷调查，分享在群中，以便大家相互学习与启发。

（二）实践磨炼中趋完善

从刚刚起步阶段的迷茫，到时间磨炼中的不断调整和完善，三年来，我们在认同和磨合中，尝试着做了一些事情，保证每学年每位成员开一节区级或各校联盟的公开课，认真组织每一次的活动，让大家能学有所得。我们深深明白，一位教师的成长，必须有阅读"阳光"的滋润，实践"风雨"的磨炼，"思考"根须的扎土；要基于课标，立足学科，不断落实与推进语文课程理念，在学习、研讨中拓宽骨干教师的视野，坚持理论和实践并重，将学习与工作结合起来，共同研讨，互相学习，努力提高工作质量。三年来，团队成员忙碌而充实着，在各自学校中发挥着引领作用，见组员工作成效表（表6-3）：

表6-3

姓名	校内外听课总节数	论文案例发表	论文案例获奖	指导师生获奖	教学研讨片级以上	教学展示校级	项目研讨课	其他荣誉
肖老师	325	3篇	6篇	37人次	5次	3次	6次	8项
洪老师	259	0篇	0篇	7人次	2次	7次	3次	2项
徐老师	205	1篇	3篇	13人次	1次	6次	3次	8项
宁老师	235	0篇	2篇	9人次	2次	6次	3次	4项
孟老师	218	0篇	2篇	10人次	1次	6次	3次	2项
汤老师	215	0篇	2篇	2人次	2次	11次	3次	7项
曾老师	262	1篇	6篇	7人次	3次	12次	3次	2项
马老师	230	0篇	1篇	3人次	1次	12次	3次	2项
金老师	210	0篇	2篇	0人次	1次	12次	3次	1项

项目研究是个艰难而又见效慢的工作，三年来，项目团队成员们各自都能站在全面推进素质教育深化课程改革的基点，克服困难，能比较清晰围绕语文核心素养的内涵，尝试开放、有效、激励的课堂评价改革，使孩子们的学习兴趣不断提升，在各自学校发挥骨干教师的示范引领效能。

回眸过往，这里留下了我们美好的互动研讨、学科专业成长的历程。在此，由衷地感谢教育局和教育学院领导、专家为项目研究的实施予以的人力和物资上的保障和支持；感谢各校领导和同事们的关心、帮助和支持；为项目组小伙伴们的通力合作和出色表现点赞，努力成为一位道德高尚、业务精湛、爱岗敬业的优秀教师是我们不变的追求。

项目融入课改　实践铸就梦想

随着每个平凡而忙碌的日子悄悄过去，翻开记忆的相册，回眸项目研究中的成长历程，这里有亲切的领导们、睿智的专家团队、给力的团队、无私的同事们……无数个日日夜夜，我和一群热爱语文的教师聚在一起，开展课题和项目研究、编写校本课程、带教骨干教师和见习教师、辅导学生……项目研究是我们专业化成长的阶梯。以项目带教研，用教研促项目是点燃我们专业自觉的火苗，项目让我们摆脱了职业倦怠，让我们在语文的天地间翱翔，成为忙碌并快乐的追梦人。

一、累而不倦——项目的魅力

记得第一次进行《在小班语文课堂中实施分层教学的行动研究》课题，很迷茫。自己每天所面对的是有灵气的学生，是鲜活的教材、是活跃的课堂，那么多可变因素如何控制?一连串问题，让我无从下手。正在举步维艰的时候，名师办和单位领导为我们搭建了各种学习平台，参加培训，专家指导，自主学习和伙伴研讨，心结打开了，我们将课堂定为研究的主阵地，采用"一案多改"的方式，对项目的实践效果进行检测，了解它的可行性和优劣之处，进而不断调整、改进、完善。历经五年的实践，不负众望，该项目获得了区第五届教育科研获奖成果三等奖;论文《"分层教学、分类指导"在小班语文教学中的运用初探》发表于市教委汇编的《革新的课堂》一书。案例《阳光总在风雨后》获得了长三角案例竞赛的鼓励奖。一种从未有过的成就感油然而生，项目的魅力，让我们忙碌并快乐地迈向新的征程。

二、抱团同行——项目的磁力

从2012年到2019年，我们根据上级有关课程改革和作业改进的精神，先后进行了《基于课内外资源整合，提升小学生语文素养的实践研究》《创新作业设计提升小学生语文素养的实践研究》和《基于小学语文核心素养的表现性评价研究》的研究。在实践过程中，我们强调三个是否：是否面向全体学生语文综合素养的发展，是否有利于激发学生的学习内驱力，是否能客观公正地评价学生。通过课例微格分析，扬长避短，探寻提升学生综合素养的最佳方法，从而更加科学地诊断我们的教学和作业设计等问题，以此来提高研究的广度和深度。一次次头脑风暴过后，教师的专业素养得到长足发展，学生的学习潜力被激发。我们创编了一到五年级的《校本作业》和《趣味语文》综合实践活动，语文课程被评为区示范性课程。我的论文《刍议语文校本课程管理的"三度空间"》在第七届教育教学论文评比中荣获一等奖并发表于《现代教学》；《基于形成读写链导向的语文课程资源统整策略》，获"第三届长三角地区优秀论文"三等奖；《基于网络的学生成长档案袋的建构》发表在《上海课改30年区校实践成果荟萃》；微文《动态档案袋，忆金色童年》《上海教研网》发表，并在上海市课改30年论坛上做了主题发言。并总结归纳出"表现性评价"的操作模块，项目像磁石般吸引着我们抱团同行。

三、城乡对接——展项目效力

经历了项目研究初期的迷茫，过程中的煎熬，突破时的喜悦后，我们信心百倍，参与或组织各类项目研讨成了我的最爱，在实践中，积累了许多经验。

2020年，我由城区学校调到了农村，首次将"表现性评价项目"运用到农村学校。在名师办领导和张校长的鼓励、支持下，我以项目化学习提高学生的核心素养为目标，根据疫情后农村学生普遍较弱的学习现状，梳理了统编教材三到五年级的写作内容，尝试着把体育、艺术、劳技、德育活动与作文教学结合起来，搭建学习阶梯，创编了《"小小观察员"训练营》跨学科综合实践活动合集和《奇妙生活馆》一到五年级的语文综合实践活动任务单。在闯关游戏中，让不同学习水平的孩子同步学异步达标，在伙伴互助的体验学习中，激发写作兴趣，学会写作技巧。该项目成果在区"课堂领航"工程暨"明天的导师""先锋计划"中进行了展示，我和徒弟们的四堂不同风格的作文指导课，得到了与会专家、领导和老师们的好评，第一教育网报道了此项活动的全过程。

让我感到欣慰的是我们去年编写的一到五年级的《奇妙生活馆》《小小观察员写作训练营》《小鬼当家闹新春》，使学生的语文综合素养得到了明显的提升，最让我感动的是期末试卷上的作文内容和教师节的祝福让我泪目，它验证着表现性评价项目的效力在释放。

回想自己工作至今，个人136次获奖，指导青年教师和学生获奖128人次；30篇文章发表在不同刊物或著作上。这一路的风雨，让我痛苦并快乐着，项目研究使我重新认识了教书育人的内涵；点燃了学习和实践的兴趣。每一次"唇枪舌剑"，激动人心；每一次的尝试，是思维的苦战；每一次的挫败，是最宝贵的"财富"；每一篇文章，是鉴证成长的最佳"档案"。让我和我的团队全力以赴地投身到课程改革中；让每一位孩子成为最好的自己是我们不变的追求，专业成长路上的每道足迹，每个时刻都那么精彩，弥足珍贵……

附　录

源于课标提升语文核心素养的学习要求

一、识字写字

内容		汉语拼音	识字	写字
一年级	第一学期	1.学习汉语拼音的声母、韵母、声调和整体认读音节，学习拼音方法，正确拼读音节 2.借助汉语拼音识字、阅读 3.练习用普通话朗读课文，回答问题，进行简单的口语交际	1.学习353个生字，能读准字音，认清字形，大致了解在语言环境里的意思（生字在课文里读，离开课文会认） 2.认识汉字的基本笔画和常用的偏旁部首，了解笔顺规则，培养主动识字的兴趣和初步的识字能力	1.学习用铅笔写字，会写110个字 2.能在田字格里从描到写地练习书写，能写正确、端正、整洁 3.激发学生写字的兴趣，培养正确的写字姿势和执笔方法，养成良好的写字习惯
	第二学期	1.巩固汉语拼音，正确掌握拼音方法，能正确地拼读音节 2.逐步达到比较熟练地借助汉语拼音识字、正音、阅读	1.学习生字530个，能读准字音，认清字形，大致了解在语言环境里的意思 2.会运用汉字的基本笔画、笔顺规则、偏旁部首和间架结构分析字形 3.会用部首和音序两种查字法自学生字，初步培养独立识字的能力	1.学习在田字格里正确书写各种结构的字 2.能认真书写，写得工整，比较匀称
二年级	第一学期	1.巩固汉语拼音，正确掌握拼音方法，正确拼读音节 2.区别平翘舌音前后鼻音，对部分多音字会据词定音 3.比较熟练地借助汉语拼音识字、正音、阅读	1.学习生字414个，能读准字音，认清字形，大致了解在语言环境里的意思 2.会运用汉字的基本笔画、偏旁部首和间架结构分析字形 3.会用部首和音序两种查词法自学生字，联系自身的生活经验理解常用字的含义，进一步培养独立识字的能力	1.学习在田字格里正确书写各种结构的字 2.能认真书写，字迹工整，结构匀称，卷面整洁 3.继续培养正确的执笔方法写字姿势，培养良好的书写习惯

续　表

内容		汉语拼音	识字	写字
二年级	第一学期		4.在识字中初步感受汉字的形体美，进一步激发学生识字兴趣	
	第二学期	1.继续巩固汉语拼音，熟练掌握拼音方法，正确拼读音节 2.区别平翘舌音、前后鼻音，对部分多音字会据词定音 3.熟练借助汉语拼音识字、正音、阅读	1.继续学习生字488个，能读准字音，认清字形，大致了解在语言环境里的意思 2.会运用汉语拼音正确熟练地自学生字的字音 3.会运用汉字的笔画笔顺、偏旁部首和字形结构独立分析字形 4.会用部首和音序两种查字法自学生字，联系自身的生活经验理解常用字的含义 5.能在阅读和各项语文活动中复习巩固已学的生字	1.继续学习在田字格里正确书写296个各种结构的字，并初步学习在方格中书写 2.能认真书写，字迹工整，结构匀称，卷面整洁 3.继续要求学生能掌握正确的执笔方法和写字姿势，培养良好的书写习惯
三年级	第一学期	1.继续巩固汉语拼音熟练掌握拼音方法，能正确熟练地拼读音节 2.能借助汉语拼音识字、正音、阅读	1.在阅读和语言实践活动中复习巩固已学过的汉字 2.继续学习生字322个，能读准字音，认清字形，大致了解在语言环境里的意思 3.继续培养独立认字的能力，养成主动识字的习惯	1.学习在方格里书写各种结构的字。要求认真书写，做到规范、端正、整洁 2.学习用毛笔描红 3.继续培养正确的执笔方法和写字姿势，培养良好的书写习惯
	第二学期	1.继续巩固汉语拼音，能正确熟练地拼读音节 2.注意区别前后鼻音、平翘舌音，读准三拼音 3.能借助汉语拼音识字、正音、阅读	1.继续学习生字283个，能读准字音，认清字形，大致了解在语言环境里的意思 2.能比较熟练地运用音序和部首查字法自学生字 3.继续培养独立识字的能力，养成主动识字的习惯	1.继续学习在方格里书写各种结构的字。要求认真书写，做到规范、端正、整洁 2.继续学习用毛笔描红 3.继续培养正确的执笔方法和写字姿势，培养良好的书写习惯
四年级	第一学期	1.继续巩固汉语拼音，能正确熟练地拼读音节	1.学习自主确定要学习的生字，继续用已掌握的识字工具和识字方法识字。要求读准音、认清字形，了解字义	1.练习用钢笔写字，要求写得正确、端正、整洁

续 表

内容		汉语拼音	识字	写字
四年级	第一学期	2.借助汉语拼音识字、正音、阅读	2.继续提高独立识字的能力，养成主动识字的习惯 3.能比较熟练地运用部首和音序查字法，提高查字典的速度。注意辨析同音字、音近字和形近字	2.学习在双线格里写字，要求书写认真，字的大小要均匀，字与字的间隔要适当 3.继续练习用毛笔仿影，做到写字姿势正确 4.继续巩固正确的执笔、运笔方法，培养使用、爱惜写字用具的习惯
	第二学期	同四年级上学期	1.学习自主确定要学习的生字，继续用已掌握的识字工具和识字方法识字，进一步扩大识字量。要求读准字音、认清字形，了解字义 2.继续提高独立识字能力，养成主动识字的习惯 3.能比较熟练地运用部首和音序查字法，提高查字典的速度。注意辨析同音字、音近字和形近字	1.继续练习用钢笔写字，要求写得正确、端正、整洁 2.学习在双线格里抄写词语、句子、段落、对话、两个自然段，要求书写认真，字的大小要均匀，字与字的间隔要适当，还要注意格式和标点 3.继续练习用毛笔仿影，做到写字姿势正确 4.继续巩固正确的执笔、运笔方法，培养使用、爱惜写字用具的习惯
五年级	第一学期	同四年级上学期	1.能自主确定要学习的生字，继续用已掌握的识字工具和识字方法识字，进一步扩大识字量。要求读准字音、认清字形，了解字义 2.继续提高独立识字能力，养成主动识字的习惯 3.能熟练地运用部首和音序查字法，提高查字典的速度。注意辨析同音字、音近字和形近字	1.继续练习用钢笔写字，要求写得正确、端正、整洁 2.学习在双线格里抄写词语、句子、段落、诗歌和书信，初步学习用行书写字。要求书写认真，字的大小要均匀，字与字的间隔要适当，还要注意格式和标点 3.练习用毛笔临帖，做到写字姿势正确 4.继续巩固正确的执笔、运笔方法，培养使用、爱惜写字用具的习惯

内容		汉语拼音	识字	写字
五年级	第二学期	1.巩固汉语拼音，能正确熟练地拼读音节 2.能熟练地运用汉语拼音识字、正音、阅读	1.巩固2000个左右的常用汉字，并将识字量扩大到2500个，继续用已掌握的识字工具和识字方法识字，进一步扩大识字量。要求读准字音、认清字形，了解字义 2.继续提高独立识字能力，养成主动识字的习惯 3.能辨别形近字和音近字	1.继续练习用钢笔写楷书，要求写得正确、端正、整洁 2.能正确书写2500个常用汉字，注意格式和标点符号 3.练习用毛笔临帖，做到写字姿势正确 4.写字态度认真，文面整洁，字的结构匀称

二、阅读

内容		课文阅读	课外阅读	古诗词等积累
一年级	第一学期	1.学过的词语会读，大致了解在课文中的意思，积累学习的词语 2.学过的句子会读，积累教材中学习的句子，部分句子能学会运用。学习句号、问号、感叹号，认识逗号、冒号、顿号、引号等标点符号 3.学习朗读课文，对朗读有兴趣。能读得正确，注意不加字、不漏字、不顿读、不唱读，并逐步学习读得比较流利，读出感情	能在课外阅读适合自己的儿童报刊和书籍，能爱护报刊和图书	能背诵全部古诗，能背诵部分
	第二学期	1.在课文阅读过程中加深对学过常用汉字的认识 2.学过的词语、句会读，积累学过的词语和句子，部分词语和句子能学习运用 3.学习朗读课文，要求读得正确，比较流利，能读出感情 4.能大致了解课文内容，并有提出问题的习惯	能在课外阅读适合自己的各种儿童报刊和书籍	能背诵全册书中的全部古诗，能背诵部分课文
二年级	第一学期	1.在课文阅读过程中巩固加深对学过常用汉字的认识 2.积累教材中的词语句子，部分学会运用。认识课文中出现的常用标点符号，能在阅读中体会句号、问号、感叹号所表达的不同语气，并学习初步运用 3.继续学习朗读课文，做到读音正确、比较流利、有一定感情	1.能在课外阅读适合自己的各种儿童报刊和书籍 2.能阅读浅显的童话、寓言、故事，向往美好的事物	能背诵本册书中的全部古诗，能熟记教材规定的名句，背诵指定的课

续 表

内容		课文阅读	课外阅读	古诗词等积累
二年级	第一学期	4.能了解课文内容,大体知道课文中词句的意思,并能提出自己思考的问题	3.能诵读儿歌、童谣和浅近的古诗,展开想象,获得真切的情感体验,感受语言的优美	文或段落
	第二学期	1.在课文阅读过程中巩固加深对学过常用汉字的认识 2.能按要求积累一批常用词语、成语和歇后语等,进一步丰富词汇量,初步结合上下文和生活实际了解词语在课文中的意思。认识课文中出现的常用标点符号,能在阅读中体会句号和逗号的不同用法,了解冒号、引号的一般用法 3.继续学习朗读课文,能用普通话读得正确、流利、能读出感情 4.能了解课文内容,学习联系语言环境理解词句,结合语言文字展开想象,能说出阅读中的想法或提出问题,养成不动笔墨不读书的习惯	1.进一步激发阅读兴趣,培养良好的阅读习惯 2.能在课外阅读适合自己的各种儿童报刊和书籍	能熟读、背诵60首简单的古诗,能熟记教材规定的名句,背诵指定的课文或段落
三年级	第一学期	1.在阅读过程中正确理解常用汉字的意思。尝试学习用各种方法理解词语并积累关键词 2.能联系上下文理解句子的意思。学习本册教材中出现的常用句式,继续积累句子,部分学习运用。在理解语句过程中,体会句号和逗号的不同用法,了解冒号、引号的一般用法 3.能用普通话正确、流利、有感情地朗读课文,学习默读,做到不动唇、不出声 4.学会边默读边思考,能对不理解的地方提出疑问。能复述课文大意,能初步把握课文的主要内容	1.进一步激发阅读兴趣,扩大阅读面,增加阅读量,鼓励学生自主选择阅读材料 2.能大致理解所读内容的要点,有自己的一点体会	能背诵全部古诗,熟记教材展示的名句,能背诵部分课文,积累课文中的优美词语、精彩片段
	第二学期	1.在阅读过程中正确理解常用汉字的意思。积累教材中的词语,不断增加词汇量。能联系上下文理解词语的意思,体会课文中关键词语的作用 2.学习用多种方法来理解句子的意思。学习本册教材中出现的常用句式,继续积累句子,部分学习运	1.进一步激发阅读兴趣,扩大阅读面,增加阅读量,能自觉进行课外阅读,有自	能背诵全部古诗,熟记教材展示的名句,能背

内容		课文阅读	课外阅读	古诗词等积累
三年级	第二学期	用。在理解语句过程中，体会句号和逗号的不同用法，了解冒号、引号的一般用法 3.能用普通话正确、流利、有感情地朗读课文。继续提高默读能力，能借助资料解决阅读中的部分疑问 4.能尝试根据提示、提纲和重点词语等，用课文语言或自己的语言详细复述课文，能初步把握课文的主要内容，体会课文的思想感情	主选择阅读材料的兴趣和能力。阅读总量达到2万—2.5万字 2.能大致理解所读内容的要点，有自己的一点体会	诵部分课文，积累课文中的优美词语、精彩段落
四年级	第一学期	1.在阅读过程中正确理解常用汉字的意思。积累、增加词汇量，能联系上下文理解词语意思，在运用中辨别词语的不同意思，体会课文中关键词语的作用 2.能联系上下文理解句子的意思。学习教材中的常用句式，能比较句子的不同，能体会句子不同的表达方式，懂得修辞手法在句子中的作用，部分句式能学习运用，学习把句子写具体，在理解语句的过程中，学习顿号、冒号、引号、破折号和省略号的一般用法 3.能正确流利有感情地朗读课文，注意句子之间、段落之间的停顿，读出不同语气。继续提高默读能力，能借助资料解决阅读中的部分疑问 4.能复述课文大意，分清课文主次，比较正确地把握课文主要内容，体会课文的思想感情	1.进一步激发阅读兴趣，扩大阅读面，增加阅读量，能自觉进行课外阅读，有自主选择阅读材料的兴趣和能力 2.学习写读书笔记或阅读日记	能背诵全部古诗，熟记教材摘录的名句，能背诵指定的部分课文，积累课文中的优美词语和精彩段落
	第二学期	1.在阅读过程中正确理解常用汉字的意思。积累、增加词汇量，能联系上下文理解词语意思，在运用中辨别词语的不同意思，体会课文中关键词语的作用 2.能联系上下文理解句子的意思。用多种方法品味关键词句的含义。学习教材中的常用句式，比较句子的不同，能体会句子不同的表达方式，懂得修辞手法在句子中的作用，部分句式能学习运用，学习把句子写具体，在理解语句的过程中，学习常用标点符号的一般用法	1.进一步激发阅读兴趣，扩大阅读面，增加阅读量，能自觉进行课外阅读，有自主选择阅读材料的兴趣和能力 2.阅读一定数量的名家名作，学习写读书笔记或阅读日记	同四年级上学期

续 表

内容		课文阅读	课外阅读	古诗词等积累
四年级	第二学期	3.能正确流利有感情地朗读课文，注意句子之间、段落之间的停顿，读出不同语气。继续提高默读能力，边读边想，能对课题、词语、内容等提出问题，并试着解答 4.能选择不同的方法，简要复述课文大意，比较正确地把握课文主要内容，体会课文的思想感情		
五年级	第一学期	1.在阅读过程中正确理解常用汉字的意思。能在课内外阅读中主动积累、增加词汇量，能联系上下文理解词语意思，在运用中辨别词语的不同意思，体会课文中关键词语的作用 2.能联系上下文理解句子的意思。学习教材中的常用句式，能比较句子的不同，能体会句子不同的表达方式，懂得修辞手法在句子中的作用，部分句式能学习运用，学习把句子写具体。在理解语句的过程中，能区别标点符号的不同用法 3.能正确流利有感情地朗读课文，能注意力集中地默读课文，有一定的默读速度。能对课题、词语、内容等提出问题，并试着解答 4.能复述课文大意，比较正确地把握课文主要内容，体会课文的思想感情	1.进一步激发阅读兴趣，扩大阅读面，增加阅读量，能自觉进行课外阅读，有自主选择阅读材料的兴趣和能力 2.阅读一定数量的名家名作，能主动与别人交流阅读心得	同四年级上学期
	第二学期	1.在阅读过程中正确理解常用汉字的意思。能在课内外阅读中主动积累、增加词汇量 2.能联系生活经验，运用注释、工具书和资料，理解词义、句义和课文的主要意思；能依据具体的语言环境，了解语句的前后联系；能圈画文章重点和自己感兴趣的词句，能主动提出问题，思考问题，积极参与讨论问题 3.感受课文中富有表现力的词句，能用摘抄、仿写等方式自觉积累生动而含义丰富的词句，能在具体语言环境中体会常用修辞方法的作用 4.能正确、流利有感情地朗读课文。能注意力集中地默读课文，有一定的默读速度 5.能初步归纳课文内容要点，感受课文蕴含的道理，复述课文的主要内容	1.进一步激发阅读兴趣，能经常阅读报纸、杂志和儿童读物 2.能理解所读内容的要点，有自己的体会。能做阅读摘要，能根据阅读内容写读书笔记、阅读日记和阅读作文	同四年级上学期

三、阅读

内容		聆听	口语表达
一年级	第一学期	1.能听清几句话，能听懂老师的提问和同学的回答 2.听人讲话时态度认真，注意力集中。养成边听边想、边听边记的习惯	1.能清楚明白地回答老师和同学的提问 2.在看图说话时展开想象，人际交往中能根据语境说几句话 3.能在课堂活动中发言，做到态度自然大方，口齿清楚
	第二学期	1.能听清几句话和简单的故事，能听懂老师的提问和同学的回答 2.听人讲话时态度认真，注意力集中。养成边听边想、边听边记，并有提出问题的习惯	1.能清楚明白地回答老师和同学的提问 2.在看图说话时学习展开想象，能根据语境说几句连贯的话，会按要求讲一个简短的故事 3.能在课堂活动中发言，做到态度自然大方，口齿清楚
二年级	第一学期	1.能听清几句话和简单的故事，能听懂老师的提问和同学的回答。能了解别人讲话的主要内容 2.听人讲话时态度认真，注意力集中。养成边听边想、边听边记，并能提出自己思考的问题	1.能清楚明白地回答老师和同学的提问，能讲述简短的小故事和自己感兴趣的所见所闻 2.说话时能联系已有的知识和生活经验展开想象，能根据语境说几句连贯的话 3.能在课堂活动中积极发言，与别人交谈态度自然大方，能使用礼貌用语
	第二学期	1.能听懂老师的提问和同学的回答，能听懂一段话和简短的故事。在讨论中能听清楚别人发言的内容，并表达自己的意见 2.听人讲话时态度认真，注意力集中。养成边听边想、边听边记，并能提出自己思考的问题	1.能清楚明白地回答老师和同学的提问，能讲述简短的小故事和自己的亲身经历 2.能结合学习内容或他人发言，大胆回答问题或发表意见，做到意思清楚，有一定的针对性，语句连贯 3.能在班会、校会或其他活动中独立做2分钟左右的发言，做到有一定中心和内容，语句基本通顺
三年级	第一学期	1.听人说话能抓住主要内容。能用普通话与人交流，注意使用礼貌语言 2.在交谈中注意听清别人的意思，不明白的地方，会提出询问	1.能清楚明白地回答老师和同学的提问，在说话练习中能说连贯的话，能具体地讲述故事 2.能简要转述别人讲话的大意，能讲述自己的经历和见闻 3.能在各种活动中做独立的简短发言，表达自己的想法

续 表

内容		聆听	口语表达
三年级	第二学期	1.听人说话能，能养成专心听讲、认真思考的习惯，能抓住别人讲话的主要内容转述。能用普通话与人交流，注意使用礼貌语言 2.在交谈中能听清别人的意思，不明白的地方会提出询问	1.能清楚明白地回答老师和同学的提问，在说话练习中能说连贯的话，能具体地讲述故事 2.能简要转述别人讲话的大意，能讲述自己的经历和见闻 3.能在各种活动中做独立的简短发言，表达自己的想法，做到条理清楚，语句连贯
四年级	第一学期	1.听人说话能，能养成专心听讲、认真思考、不随便插话和不随便打断别人的习惯 2.能抓住别人讲话的主要内容转述，能用普通话与人交谈 3.在交谈中能听清别人的意思，不明白的地方会提出询问	1.能清楚明白地回答老师和同学的提问，能连贯地说几句或一段连贯的话 2.能完整地复述一件事，能具体地讲述故事，能简要地转述别人讲话的主要内容，能有条理地讲述自己的经历和见闻 3.能主动与他人交流，表达自己的想法，并能根据学习内容，提出问题，表达自己的思考
	第二学期	1.听人说话能，能养成专心听讲、认真思考、不随便插话和不随便打断别人的习惯 2.能抓住别人讲话的主要内容转述，能用普通话与人交谈 3.在交谈中能听清别人的意思，不明白的地方会提出询问	1.能清楚明白地回答老师和同学的提问，能连贯地说几句或一段连贯的话 2.能完整地复述一件事，能具体地讲述故事，能简要地转述别人讲话的主要内容，能有条理地讲述自己的经历、见闻和感想 3.能主动与他人交流，表达自己的想法，做到条理清楚，语句连贯
五年级	第一学期	1.听人说话能，能养成专心听讲、认真思考、不随便插话和不随便打断别人的习惯 2.能抓住别人讲话的主要内容转述，能用普通话与人交谈 3.在交谈中能听清别人的意思，不明白的地方会提出询问	1.能清楚明白地回答老师和同学的提问，能连贯地说几句或一段连贯的话 2.能完整地复述一件事，能具体地讲述故事，能简要地转述别人讲话的主要内容，能有条理地讲述自己的经历、见闻和感想，能清楚地表达自己的见解 3.能较自然地运用已经学到的词句表达自己的见解
	第二学期	1.养成认真听他人说话或收听广播、音像资料的习惯 2.能理解并记住所听内容的主要意思，能边听边思考 3.能转述听到的主要内容	1.能清楚明白地回答老师和同学的提问，能连贯地说几句或一段连贯的话 2.能在各种场合发言，做到条理清楚，语句连贯。能主动与他人交流，表达自己的想法，并能根据学习内容，提出问题，表达自己的思考 3.能自然地运用已经学到的词句表达自己的见解

四、口语交际

内容		一、二写话；三—五写片段和短文
一年级	第一学期	1.能用已学会写的字和学过的词语写一到两句简单的句子 2.学习使用逗号，句号
	第二学期	1.能用已会写的字和学过的词语写一到两句简单的句子，表达简单的想法 2.学习使用逗号，句号
二年级	第一学期	1.能用已会写的字和学过的词语写一到两句简单的句子，表达简单的想法。有写话的兴趣 2.学习使用逗号、句号、问号和感叹号
	第二学期	1.能用已会写的字和学过的词语写一到两句连贯的句子，表达简单的想法。有写话的兴趣 2.学习使用逗号、句号、问号和感叹号
三年级	第一学期	1.学习观察生活，清楚地写出自己的所见所闻 2.学写观察作文，看图作文和想象作文，做到清楚、连贯 3.学习正确使用标点符号
	第二学期	1.学习观察生活，学习清楚明白地写出自己的所见所闻，能展开合理的想象 2.学写简短的日记观察作文、看图作文和想象作文，做到有顺序、语句较通顺 3.学习正确使用标点符号
四年级	第一学期	1.注意观察生活，学习选择材料，学习清楚明白地写出自己的所见所闻，表达自己的真情实感 2.学写小故事、游戏、活动，学写观察日记、读书笔记、看图作文和想象作文，做到有顺序，语句较通顺 3.继续学习使用标点符号，逐步养成文必加点、边写边点的习惯
	第二学期	1.注意观察生活，学习收集材料，学习选择材料，能清楚明白地写出自己的所见所闻，表达自己的真情实感 2.学写小故事、游戏、活动，学写观察日记、读书笔记和想象作文，做到有中心，有顺序，语句较通顺 3.继续学习使用标点符号，逐步养成文必加点、边写边点的习惯
五年级	第一学期	1.注意观察生活，学习收集材料，学习选择材料，能清楚明白地写出自己的所见所闻，表达自己的真情实感

续 表

内容		一、二写话；三—五写片段和短文
五年级	第一学期	2.学写小故事、游戏、活动，学写观察日记、读书笔记、想象作文和材料作文，做到有中心，有一定内容，意思表达基本清楚，语句较通顺 3.学习正确使用标点符号，养成文必加点、边写边点的习惯 4.学习修改作文
	第二学期	1.注意观察生活中的事物，能写出自己感兴趣的生活内容；能根据一定的情景展开想象，用文字表述想象内容 2.有些日记的兴趣。能写便条、通知、书信等常见的应用文 3.学习正确使用标点符号 4.一课时能写300字左右的片段或短文，做到有中心，有一定的内容，意思基本清楚，语句基本通顺 5.学习修改作文

五、综合学习

内容		综合实践活动
一年级	第一学期	1.能参加班级、学校；有参与集体活动的兴趣和热情 2.能在各项活动中表达自己的感受 3.在活动过程中逐步培养集体意识
	第二学期	1.能参加班级、学校、社区活动；有参与集体活动的兴趣和热情 2.能在各项活动中表达自己的感受 3.在活动过程中逐步培养集体意识
二年级	第一学期	1.能参加班级、学校、社区活动；有参与集体活动的兴趣和热情 2.能在各项活动中表达自己的感受 3.在活动过程中培养集体意识
	第二学期	1.能参加班级、学校、社区活动；有参与集体活动的兴趣和热情 2.能在各项活动中表达自己的感受，表现自己的特长 3.在活动过程中培养集体意识
三年级	第一学期	1.能积极主动地参与课内外的语言实践活动 2.在活动中学习与人交流、合作，能及时表达自己的想法和感受，表现自己的特长 3.在集体活动中培养合作意识
	第二学期	1.能积极参加课内外的语言实践活动 2.能主动参加收集资料、办报、出专栏、讨论会等活动，在活动中提高口头表达和语言运用能力 3.在集体活动中培养合作意识

内容		综合实践活动
四年级	第一学期	1.能积极参加课内外的语言实践活动 2.能主动参加收集资料、办报、出专栏、组织讨论会、读书会、朗诵会、故事会等活动。在活动中与人交流、合作，提高人际交流、口头表达和书面表达能力 3.能在集体活动中关心他人，互相探讨，培养合作意识
	第二学期	1.能积极参加课内外的语言实践活动 2.能主动参加收集资料、办报、出专栏、参加讨论会、辩论会、读书会、朗诵会、故事会等活动。在活动中与人交流、合作，提高人际交流、口头表达和书面表达能力 3.能在集体活动中关心他人，互相探讨，培养合作意识
五年级	第一学期	1.能主动参加课内外的语言实践活动 2.能主动参加收集资料、办报、出专栏、参加讨论会、读书会、朗诵会、故事会等活动。在活动中加强语言交际，能及时表达自己的特长和语言才能 3.有合作意识，能在集体活动中关心他人，互相探讨，共同发展
	第二学期	1.能主动参加课内外的语言实践活动 2.能结合各项活动，加强语言交际，能及时表达自己的想法和感受，能在活动中，表现自己的特长和语言才能 3.在条件许可的情况下，应学习使用现代信息技术，能运用这一技术探索问题，并与他人进行交流 4.有合作意识，能在集体活动中关心他人，互相探讨，共同发展

参考文献

[1] 钟启泉，赵中建.课程统整——当代教育理论译丛 [M].上海：华东师范大学出版社，2006.

[2] 严一鸣，张才龙.学期课程统整——学校、教师实施新课程的方法论与运行机制创新 [M].上海：上海科技教育出版社，2010.

[3] 杨向谊，陆葆谦.互动、共享、创新——学校教研组建设的新探索 [M].上海：上海教育出版社，2009.

[4] 李子建，黄显华.课程·范式·取向与设计 [M].香港：中文大学出版社，2011.

[5] 杨明全.革新的课程实践者——教师参与课程变革研究 [M].上海：上海科技教育出版社，2003.

[6] 申宣成.表现性评价在语文综合性学习中的应用 [D].上海：华东师范大学，2011.

[7] 欧用生.课程典范再建构 [M].台北：丽文文化事业股份有限公司，2003.

[8] 黄伟，张民选.来自《美国学科能力表现标准》的观照：我国课程标准的建设亟待加强 [J].外国中小学教育，2008（3）：37，43-47.

[9] 杨蓓蕾.纸笔式表现性评价在中学生地理学业成就评价中的应用研究 [D].上海：华东师范大学，2011.

[10] 税小玲，官永峰.新课程理念下的语文作业设计 [J].考试（教研版），2007（2）：51.

[11] 蒋寿军，例谈小学语文作业与练习的设计 [J].小学教学设计，2007（4）：51.

［12］中华人民共和国教育部.全日制义务教育语文课程标准（实验稿）［M］.北京：北京师范大学出版社，2001.

［13］李娴.新型作业初探［J］.云南教育（小学教师），2007（Z1）：19.

［14］范蔚，李宝庆.校本课程理论发展与创新［M］.北京：人民教育出版社，2011.

［15］李臣之.校本课程开发［M］.北京：北京师范大学出版社，2015.

［16］顾泠沅，王洁.教师在教育行动中成长——以课例为载体的教师教育模式研究（上）［J］.课程·教材·教法，2003（1）：9–19.

［17］郑金洲.校本研究指导［M］.北京：教育科学出版社，2002.

［18］叶澜.教师角色与教师发展新探［M］.北京：教育科学出版社，2001.

［19］余燕花.小学语文学科核心素养的培养的意义［J］.基础教育参考，2020（4）.

［20］张莹.小学语文课堂教学中学科核心素养的培养策略［J］.西部素质教育，2019，5（11）：85，87.

［21］丁莉莉.基于核心素养发展的小学语文教学设计和策略研究［J］.中国教育学刊，2018（8）：77–80.

［22］王喜斌，王会娟.小学语文学科核心素养教育教学的困境及出路探析［J］.西北成人教育学院学报，2018（3）：45–50.

［23］邹本杰.中外教育史简编［M］.济南：山东科学技术出版社，2003.

［24］张洪玲，陈晓波.新版课程标准解析与教学指导［M］.北京：北京师范大学出版社，2012.

［25］王军.浅谈小学语文写作教学对策［C］.中国教育学会.中国教育学会基础教育评价专业委员会2017年专题研讨会论文集，2017：297–298.

［26］章铁英.还学生一片自由呼吸的天地——个性化习作教学浅探［J］.课程教育研究，2014（9）：107–108.

［27］于颖.提高小学语文阅读教学有效性的研究策略［J］.中华少年，2017（36）：35–36.

［28］王林发，高家欢.深度阅读素养的构成、问题与对策［J］.郑州师范教育，2020（3）：1–5.

［29］达国芳.小学语文阅读预测策略的教学探究［J］.名师在线，2019（23）：55-56.

［30］陈先云.预测阅读策略单元的编排及教学需要注意的问题［J］.小学语文，2018（9）：46-50.

［31］史仲兰.浅谈小学生写字教学［J］.读与写（上，下旬），2015（04）：109-110.

［32］王建荣.六经注我我注六经——刍议阅读对话中的视界融合［J］.文教资料，2008（20）：127-129.

［33］李冰霖.坚守语文本位　打好语文基础——试谈新课标指导下的"双基"教学［J］.小学语文教学，2005（3）：17-20.

［34］于漪.教育教学论［M］.济南：山东教育出版社，2001.

［35］谢远品.明确要求注重实践科学指导——关于"课外阅读总量"的解读［J］.小学语文教学，2004（3）：18-19.

［36］叶丽华.巧学汉语拼音［J］.小学语文教学，2003（12）：54-55.

［37］王深根，毛建华.新课程研究［M］.北京：中国科学出版社，2003.

［38］周建国.阅读指导课的研究与探索［J］.吴江教育研究，2001（5）.

［39］孙喜凤.营造校园文化氛围彰显学校个性魅力［J］.教育实践与研究（小学版），2009（13）：21-23.

［40］马樱.小学校园文化建设的思考［J］.湖南农业大学学报（社会科学版·素质教育研究），2008（6）：79-80.

［41］张晓敏，刘洲祥.校园文化润物无声——本溪市平山区实验小学校园文化建设小记［J］.辽宁教育，2008（6）：26-27.

［42］杨菠.语文课堂上的表演.［J］.新课程学习（上），2012（7）：141.

［43］刘红娟.阅读教学要关注文本表达形式的实践策略.［J］.文教资料，2012（24）：46-48.

［44］周梅.表现性学习的理论与实践：表现性学习让童年生活更美好［M］.上海：文汇出版社，2016.

［45］周梅.表现性学习的理论与实践：金色课程让童年生活更丰富［M］.上海：文汇出版社，2016.

后　记

本书记录了笔者二十多年来课题和导师项目研究的成果。在参与学校龙头课题"基于网络的小班学生成长档案袋评价的研究""基于学期课程统整下新课程校本化实施的研究""基于金色童年课程的表现性学习的实践研究"中积累了许多经验。个人承担的子课题有"在小班语文课堂中实施分层教学的行动研究""基于课程统整提升语文素养的实践研究""基于创新素养培育的语文课程统整行动研究""整合课内外资源，培养小学生语文素养的实践研究""创新作业设计和评价策略，提升小学生语文素养的实践研究""基于小学语文核心素养的表现性评价研究"，先后立项为区级课题和导师项目，这些研究成果获得了市、区级的一些成果奖。

研究中，笔者的科研和专业素养得到提升，多次被聘为教育学院科研中心组成员和学科中心组成员。在此特别感谢教育局、教育学院搭建的学习成长平台，感谢潘亚军校长、方振玉校长、周梅校长的支持、帮助和指导，感谢王钰城教授对表现性学习的指导，感谢教育学院丁永章、李秀林、周明、范楠楠、唐连明、张英、陈金良等专家的指导，感谢张嬿、张蓓蕾等共同实践研究老师们的通力合作和智慧分享。

课堂是学无边界的地方，教师是帮助孩子们打破边界的人。《穿越课堂的精彩——课程资源统整下小学语文核心素养提升的实践研究》让我们感受到了它的价值所在。如何在坚定学科立场基础上，寻找立德树人的学科间融合点？如何在打破学科边界的同时，体现学科特点？如何一育引领，五育并举，协同发展？如何寻找从无意识融合到有意识融合的方式？如何将项目进行深化研究？这是我们不断努力探索和实践的方向。